Meus Cabelos Estão Ficando Brancos

Anne Kreamer

MEUS CABELOS ESTÃO FICANDO BRANCOS

MAS EU ME SINTO CADA VEZ MAIS PODEROSA

tradução:
Helena Londres

EDITORA
GLOBO

Copyright da tradução © 2007 by Editora Globo S.A.
Copyright © 2007 by Anne Kreamer

Todos os direitos reservados. Nenhuma parte desta edição pode ser utilizada ou reproduzida — em qualquer meio ou forma, seja mecânico ou eletrônico, fotocópia, gravação etc. — nem apropriada ou estocada em sistema de bancos de dados, sem a expressa autorização da editora.

Título original:
Going gray - What I learned about beauty, sex, work, motherhood, authenticity, and everything else that really matters

Revisão: Maria Sylvia Corrêa
Paginação: Vanessa Dal
Capa: Andrea Vilela de Almeida
Ilustração da capa: © Royalty Free/Corbis/LatinStock
Fotos da autora: Chris Fanning

Dados Internacionais de Catalogação na Publicação (CIP)
(Câmara Brasileira do Livro, SP, Brasil)

Kreamer, Anne
 Meus cabelos estão ficando brancos : mas eu me sinto cada vez mais poderosa / Anne Kreamer ;
tradução Helena Londres. — São Paulo : Globo, 2007.

 Título original: Going gray : what I learned about beauty, sex, work, motherhood, authenticity, and averything else that really matters
 ISBN 978-85-250-4373-3

 1. Cabelos brancos 2. Envelhecimento - Aspectos sociais 3. Mulheres de meia-idade - Biografia
 I. Título.

07-7913   CDD-306.4613092

Índices para catálogo sistemático:
1. Mulheres de meia-idade : Aspectos sociais :
Biografia   306.4613092

Direitos de edição em língua portuguesa
adquiridos por Editora Globo S. A.
Av. Jaguaré, 1485 – 05346-902 – São Paulo, SP
www.globolivros.com.br

Para Kurt

Sumário

Como uma maníaca por cor de cabelo
resolve ser o que é 9
Só seu cabeleireiro sabe 35
As raízes estão aparecendo!
Meu ano de cabelo ruim 49
Minha mãe, eu mesma, minhas filhas
— como escolhemos nossa aparência 68
O grisalho pode ser sensual? 75
"Paquera" — Meu teste de estrada
Match.com em três cidades 87
Uma noite na cidade 99
Cabelo grisalho é ilegal em Hollywood? 109
Vermelho, branco e azul, mas raramente grisalho 121
De nove às cinco 129
Não é o grisalho, é a roupa 141
A ladeira escorregadia 157
É coisa de homem também 169
Cálculo do nível em que você está
— o índice de Fonte da Juventude 177
As francesas ficam grisalhas 183
Será que o grisalho é o novo preto? 191
Largando-se de verdade 197
Agradecimentos 205

Como uma maníaca por cor de cabelo resolve ser o que é

EM OUTUBRO DE 2004, UMA AMIGA, a artista Maira Kalman, enviou-me as fotos de uma divertida viagem no verão, que ela, outra amiga, a escritora Akiko Busch, minha filha Kate,* e eu fizemos até Lily Dale, em Nova York, a mais antiga comunidade espiritualista dos Estados Unidos. Lily Dale foi fundada em 1970, e, todo verão, suas centenas de videntes e médiuns abrem para o público essa cidade vitoriana cor de pirulito, ligeiramente decadente, a oeste de Nova York. O site na web para a Lily Dale Assembly define espiritualista como "alguém que tem como princípio religioso a continuidade da vida e a responsabilidade pessoal. Alguns espiritualistas, mas não todos, são médiuns e/ou curandeiros. Empenham-se em encontrar a verdade em todas as coisas e a viver de acordo com ela".

---

* Com exceção dos membros da minha família, as pessoas mencionadas no livro sem os sobrenomes são pseudônimos. (N. A.)

Em nosso grupo de verão ninguém teria se autodenominado "espiritualista" em nenhum formulário oficial. Não somos, em outras palavras, pirados. Mas gostamos de achar que buscamos verdades úteis, e a oportunidade de passar um fim de semana prolongado na região rural de Nova York, ouvindo previsões sobre nossa sorte, parecia uma viagem tremendamente divertida. E, cara, tínhamos razão! Experimentamos tudo o que estava disponível para nós em Lily Dale: comungamos com nossos companheiros de viagem pelas manhãs, no *Stump*, uma sessão em grupo no meio da floresta; tivemos diversas sessões individuais em casas de videntes; e participamos de "cerimônias de cura" em "templos".

Até nos misturamos com um grupo de dezesseis monges visitantes do Tibete que estavam em Lily Dale como parte de uma turnê patrocinada por Richard Gere. Infelizmente, porém, nenhuma de nós experimentou nada parecido com uma "iluminação", nem nos sentimos arrebatadas por nenhum vidente.

Meses mais tarde, contudo, quando olhei para as fotografias de Maira, uma em particular — de minha filha de dezesseis anos, Aki, e eu — *realmente mudou minha vida*. Naquele instante, ensanduichada entre minha filha loura e uma grisalha Aki, vi-me como eu realmente era: uma mãe de 49 anos com um capacete envernizado de cabelos escuros demais. Era óbvio que eu não era uma amiga ligeiramente moderna da minha filha, tampouco meu cabelo me fazia parecer contemporânea de Aki. Era como se eu fosse uma pessoa fantasmagórica, flutuando em uma terra de ninguém, nem jovem nem velha. Senti-me como se não soubesse direito quem eu era.

Na verdade, ao estudar a foto, senti-me como se eu fosse um buraco negro entre Kate, alegremente vestida, e Aki a ponto de estourar de rir. Meu uniforme composto do cabelo com uma profunda cor de mogno escuro e roupas também escuras sugavam toda a luz da minha presença. Ver essa pessoa — essa versão de

mim mesma — foi como um soco na boca do estômago. Num segundo, todos os meus anos de artifício cuidadoso, tentando preservar o que eu achava ser uma aparência jovial, se despedaçaram. Tudo o que vi foi um tipo de mulher confusa, chata, de meia-idade, com o cabelo tingido demais.*
Por que essa autocrítica repentina? Antes, quando olhava fotografias de mim mesma, sempre me achava bastante bem. Talvez os portais para uma consciência maior tivessem sido sutilmente despertados em Lily Dale? *Humm, não.* Acho que tive sorte de a foto de Maira me propiciar a objetividade momentânea para ver que a pessoa de 49 anos de cabelo pintado não era o eu *verdadeiro.* Kate parecia real. Aki parecia real. Para mim, eu parecia alguém fingindo ser alguém. Fingindo ser jovem.
Nunca antes prestara muita atenção sobre o que o meu cabelo comunicava ao mundo. Cor artificial era simplesmente o que eu sempre fizera, o que quase todo mundo da minha idade fazia, e o que eu presumi, sem pensar, que ficava bem.
Contudo, o exame daquele instantâneo me fez começar a pensar muito sobre o que eu era e sobre quem eu queria ser. Continuaria agarrada a algum sonho de juventude ou poderia terminar o jogo da negação e passar mais honestamente para a meia-idade?
Afinal de contas, parece que a viagem a Lily Dale me levou a tentar "viver minha vida mais de acordo com a verdade". Eu viajara para me divertir, como um exercício de turismo antropológico, imaginando se poderia — e um tanto credulamente acreditando, por exemplo — receber uma "mensagem" de meus pais mortos. Em vez de dar um salto místico ou metafísico para o desconhecido espiritual, vi que o exame da fotografia de Maira me levara a algo extremamente concreto e prático. Voltei daquela viagem decidida

---

* Se quiser ver essa foto, acesse www.AnneKreamer.com/book.html. (N. A.)

a tentar adotar uma autenticidade maior e, como primeiro passo nessa direção, a fazer uma coisa tão banal como parar de pintar o cabelo. Deixasse-o ser de que cor fosse — níquel? Aço? Carvão? Platina? Branco? Quem saberia, por baixo da tintura? Além do mergulho inspirado em uma sinceridade pessoal maior no dia-a-dia, eu estava simplesmente curiosa sobre minha real aparência.

Durante anos, as pessoas comentaram generosamente que minha pele meio sem rugas me fazia parecer mais jovem. Não sou gorda. Não uso roupas de matrona com freqüência. *Você não aparenta a idade que tem*, me diziam. Naturalmente preferi acreditar nisso. Para ser sincera, na auto-imagem que elaborei no meu cérebro, eu ia além: aos olhos da minha mente, imaginava ter uma aparência de 35 anos de idade, em vez de 49. Engano meu. Quer dizer, *tremendo engano*, mas é isso aí.

Cresci nos subúrbios de classe média alta, branca, em Kansas City, Missouri, durante os anos 1960. Em 1964, meus pais levaram a família para ver a Feira Mundial na cidade de Nova York, onde pela primeira vez experimentei a eletricidade densa da verdadeira vida urbana. Adorei tudo em Nova York: a multidão nas ruas, a multiplicidade de sinais, a arquitetura, o estilo dos trajes, o cheiro acre de peixe em Chinatown, a exposição Futurama da General Motors, na Feira, que parecia os *Jetsons*, até a comida condimentada (alho!).

Quando a série *Mod Squad* começou na televisão, em 1968, ela representava a mesma quintessência da impassibilidade urbana para mim.* Parecia minha janela para um mundo adulto, no qual pessoas de classes e raças diferentes trabalhavam juntas, e mesmo que, como policiais, os personagens fossem "o homem",

---

* Esta série policial ficou na televisão americana de 1968 a 1973. Seus protagonistas eram três: um branco, um negro e uma loira. Visava um público jovem e da contracultura. (N. E.)

eles também representavam a contracultura. Peggy Lipton, a atriz principal, usava roupas maravilhosas e tinha cabelo liso, comprido, louro. Ela conseguia ficar diante das câmeras com o *sexy* Michael Cole e o mais lindo de todos, Clarence Williams III. Eu queria ser Peggy Lipton muito mais do que a outra fantasiosa versão de "mim" na televisão, Marcia Brady, do programa *A incrível família Brady*.*
Na verdade, eu era uma *nerd* (as meninas no ginásio me apelidaram de "Senhorita organização", e não acho que elas tivessem inveja), de modo que ter um cabelo que me fizesse parecer como o tipo de garota que se via na televisão era muito importante para mim. Descobri que meu cabelo era uma das coisas que eu conseguia manipular para me fazer parecer, pelo menos superficialmente, com alguém que eu não era.

Desse modo, no ginásio, para tentar ser "legal" — ou seja, parecer um pouco mais velha, um pouco mais sofisticada —, deixei o cabelo crescer e o penteava exatamente igual ao de Peggy Lipton. Tentei também, um tanto sem sucesso, tornar meu cabelo castanho-claro ainda mais louro borrifando-o com *Sun In* e suco de limão enquanto torrava durante os quentes verões do Meio-Oeste. Clarear a cor foi meu segundo passo na mudança do cabelo para criar uma nova versão, melhorada, de mim mesma e me projetar para o mundo.

Como adolescente, meus atributos físicos notáveis eram meu cabelo e minhas — aparte: "não, na verdade, *não* sou uma *nerd*" da rebelião pré-gótica — unhas negras. E, embora eu tivesse abandonado o esmalte de unhas preto na faculdade, já adulta, o cabelo comprido, liso, que eu tanto cuidara no ginásio, permaneceu como uma parte de minha aparência indissoluvelmente ligada à minha identidade — como, imagino, nosso estilo particular funciona para quase

---

* Série cômica da televisão americana; no ar de 1969 a 1974, tinha como protagonista uma viúva com três filhos, casada com um homem que tinha três filhas. (N. E.)

todos nós. Acho que no meu subconsciente o cabelo tinha propriedades protetoras quase talismânicas.

Embora mantivesse o comprimento uniforme do meu cabelo, comecei a fazer outras experiências com a cor, como marcas da minha individualidade e singularidade. Ao longo dos anos, meu cabelo passou por muitas, muitas tonalidades diferentes, do que eu achava ser berinjela — mas que um amigo advogado chegou a descrever, para meu horror, como "roxo profundo" — a diversas nuances de baio e castanho.

Meu primeiro emprego logo depois de sair da faculdade foi como assistente administrativa no agora extinto Manufacturer's Hanover Bank, onde era encarregada de movimentar dinheiro entre os clientes do banco no distrito dos Grandes Lagos. Sim, eu estava bem no meio de Manhattan, mas será que existia um emprego mais chato no mundo? Sentava-me à uma escrivaninha em frente ao banheiro dos homens na primeira fila de um escritório vasto como um hangar de aviões. (Acreditem: não havia nada mais humilhante, aos 22 anos, do que ver dúzias de homens me sorrirem enquanto fechavam o zíper da calça ao saírem do banheiro.) Meu trabalho consistia simplesmente em preencher pedidos telegrafados de transferência de dinheiro para companhias em Illinois e Indiana; robôs poderiam cuidar da tarefa. Fileiras e mais fileiras de pessoas silentes, tensas, cascateavam atrás de mim, em todas as escrivaninhas, cada qual representando um passo na hierarquia em direção aos escritórios envidraçados como aquários dos vice-presidentes, ao fundo. As poucas mulheres que trabalhavam lá em 1977 eram louras e usavam *tailleur* e sapatos de salto. Trajar qualquer coisa fora do chatíssimo código de vestimenta Brooks Brothers era quase uma ofensa passível de demissão, de modo que eu tingia meu cabelo de uma rica cor violácea como forma de demonstrar a mim mesma e ao mundo exterior que eu realmente não pertencia a esse emprego "de morte". Achava que a cor artificial mostrava que eu era, assim, sabe, um tipo de *artista* que estava nesse emprego só para pagar o aluguel. O que era verdade, menos a parte da artista.

Não deixei de usar a cor do meu cabelo como uma ferramenta para me diferenciar depois de sair do banco. Meu emprego seguinte foi como secretária na divisão internacional da Children's Television Workshop. Ainda que não estivesse fazendo nada além de tomar ditado de um vendedor, uma espécie de futuro James Bond britânico amplificado, cheio de si, eu queria tentar uma *persona* mais sofisticada que meu tipo de tonalidade avermelhada de funcionária de banco mercantil de pobre, de modo que tingi meu cabelo com uma nuance rica de noz. Realmente, me senti diferente. Mais sofisticada. Quando comecei a viajar a trabalho, vendendo *Vila Sésamo* no Haiti, Brunei e Malásia, já me sentia um pouco como Mata Hari (e você sabe qual é o anagrama do nome dela, não sabe?).*

Descobri que esse lado de acentuar a personalidade pelo cabelo ultrapassava qualquer senso de representação teatral. Percebi que se eu me sentisse deprimida, podia abrilhantar a tonalidade e realmente me sentir mais brilhante. Quando achava que não conseguia chamar a atenção suficiente de meu namorado (e futuro marido), eu podia mudar a cor do meu cabelo e, na minha cabeça, tornar-me instantaneamente mais atraente. Não tenho tanta certeza de que essa estratégia funcionasse, mas ela sempre me deu a sensação de controle. Não havia nada como me transformar da noite para o dia de ruiva em morena, ou vice-versa, para me sentir uma nova pessoa. Era exatamente um *rebooting* cosmético.

A cor do cabelo era uma coisa que eu conseguia controlar facilmente, definitivamente — administrar a cor do meu cabelo era o equivalente a tomar Paxil. Descobri que quando eu mudava a cor do

---

* O anagrama de Mata Hari, em inglês, pode ser "a hair mat", ou seja, emaranhado de cabelo. (N. E.)

cabelo, *voilà*, eu ia em frente — imaginando, *esperando*, que, mudando a forma de me apresentar ao mundo, eu estivesse de algum modo realmente *lidando* com questões e incertezas que me estivessem confrontando naquele momento.

No meu quadragésimo aniversário, em um momento de negação fantástica do tipo "quero ser uma estrela de rock e não estou ficando mais velha", dei-me ao luxo de realizar o experimento de cor mais dramático e de menor sucesso. Tingi meu cabelo de preto carbono. Fora alguns poucos anos submissos de aulas de piano, nunca fui musical — jamais toquei instrumento algum nem cantei em nenhum tipo de grupo. Mas aos quarenta resolvi ficar inteiramente deprimida com o fato de que *agora* eu sabia que jamais seria uma Beatle. É, uma Beatle. Loucura? Sim! Mas com nove anos de idade, em 1965, eu os vira tocar na minha cidade natal, Kansas City. Aquela cena — adolescentes enlouquecidos, meninos *estrangeiros* sexy, sofisticados, (com belos cabelos escuros compridos) adorados — passou a ser o meu padrão (fora o *Mod Squad*) para um determinado tipo de vida glamorosa, uma espécie de vida que me tiraria de minha vida de caipira de subúrbio do Meio-Oeste.

Porém, o cabelo preto de falsa roqueira, em 1995, é claro que não me deu, num passe de mágica, um contrato de gravação nem a adoração global. Ao contrário, serviu para acentuar minha idade verdadeira de forma pouco atraente — o preto me deixou acabada e acrescentou sombras cinzentas ao meu rosto. À sua maneira cara-de-pau, meu amigo Larry Doyle, que é autor de comédias, assim anunciou no momento em que me viu: "Você está parecendo sua gêmea má". E minhas duas filhas, na época com cinco e sete anos, até choraram na noite em que cheguei em casa com a nova cor. Não era bem esse o meu objetivo.

Tive de viver com esse erro durante muito tempo porque não se consegue simplesmente tirar a cor ébano de um cabelo. Na emergência, como adaptação, fiz minha cabelereira acrescentar tinta mogno ao preto, e então, castigada pela experiência toda, fiquei com um tipo de marrom de meia-idade conservador, aceitável.

Daí para frente, continuei num absoluto piloto automático de cor de cabelo, o oposto de minha década anterior de flagrante amadorismo. Minha estratégia de cabelo dos quarenta anos se tornou um meio de manter o *status quo* — cor de cabelo consistente significava que nada na minha vida estava mudando. Nada de envelhecimento, nada de ansiedade com a qual eu não pudesse lidar, nada de amigos se divorciando ou membros da família e amigos morrendo... *Estava tudo bem.*

Até eu olhar firme para aquela fotografia, há três anos, e ver que não estava tudo bem, pelo menos no que dizia respeito à minha aparência.

Embora nunca tivesse enganado a idade, simplesmente não estava preparada para *parecer* minha idade. E achei que, se ficasse com minha cor natural de cabelo, seja ela qual fosse, instantaneamente pareceria mais velha. Qual era o problema em parecer a minha idade? Esse era o verdadeiro xis do meu dilema em querer apresentar uma versão mais autêntica de mim mesma para o mundo. Pelo menos desde as melindrosas dos anos 1920, demos valor à juventude extravagante como a encarnação de tudo o que é norte-americano — nova nação, novos ideais, otimismo da juventude e "confiantísmo", lindy hoppando, boogalooando e fruggando* nosso caminho pela vida para continuar renovando o sentido de que estamos sempre nos recriando. Mesmo que não estejamos. Mantendo meus cabelos brancos "secretos", não permitindo que meu cabelo envelheça de maneira visível, eu conseguia sentir-me permanentemente com 34 anos.

---

* A autora se refere a lindy hop, dança afro-americana que fez sucesso nos anos 1920 e 30 e ao boogaloo e frug, que fizeram sucesso na década de 1960. (N.E.)

Nunca me passou pela cabeça que meu cabelo marrom escuro falso, que sugava a luz, pudesse ter um efeito de envelhecimento sutil ainda mais profundo. Preferi não registrar o fato de que tinta de cabelo inevitavelmente mancha um tantinho a pele em torno da linha de nascimento dos pêlos, dando a dica, a qualquer um que olhe de perto, que você está apresentando uma simulação de juventude.

Ao chegar perto dos cinqüenta, dei-me conta de que estava exausta da manutenção tirânica, o enorme investimento de tempo e dinheiro apenas para parecer mais jovem — ou, pelo menos, não mais velha. Eu estava casada, tinha trabalho, minhas filhas estavam quase adultas. Essa equação já não contava.

Então quão horrorosa poderia ser minha cor natural — *qualquer que fosse* — comparada à libertação?

Quando notei pela primeira vez cabelos brancos, com vinte e tantos anos, nem pensei duas vezes antes de cobri-los. Afinal de contas, eu já brincava com a cor por motivos profissionais ou fantasiosos, e francamente achei que 27 era muito cedo para ter cabelos brancos. (De tentar parecer mais velha no ginásio a tentar parecer mais nova no trabalho apenas uma década mais tarde — tais são as vicissitudes da vida de uma mulher.) Mas com 27 anos em 1983, eu não tinha muito dinheiro, de modo que adotei o que achava o caminho mais fácil de dissimular minhas cãs — processo único de coloração.

"Processo único" é a técnica pela qual uma pasta de colorir é aplicada ao couro cabeludo e raízes com um tipo de pincel de pasteleiro, formando um capacete grudento. ("Irônico, não é, que esse modo de acentuar a sensualidade seja tão pouco sensual: jamais vamos querer que qualquer homem além do cabeleireiro nos veja parecendo que acabamos de sair dos poços de pixe de La Brea.) Leva cerca de quarenta minutos para a cor "pegar" do princípio ao fim, e com xampu e gorjetas, custa cerca de 125 dólares em um salão de cabeleireiro médio em Nova York. (Claro, quem faz o processo único em casa, comprando uma caixa, gasta uma fração disso.) Para luzes, as raízes do cabelo são tratadas com o método do processo único, e então mechas individuais de cabelo são tingidas com uma substância química clareadora diferente, e em seguida embrulhadas em quadrados de papel-alumínio. Leva muito mais tempo — até três horas — e, como é praticamente impossível fazer em casa, exige visitas caras ao salão (de 200 dólares para cima).

De qualquer maneira, uma vez que a gente começa a colorir aos trinta, ou aos 35, ou aos quarenta — o avanço furtivo de raízes perpetuamente em crescimento, mais claras ou mais escuras, sempre ameaçando mostrarem-se e expor o truque —, fica-se presa a um ciclo.

E o ciclo se acelera à medida que se envelhece. Especialmente durante os últimos dez anos, à medida que minhas raízes ficaram mais brancas, e a cor artificial do meu cabelo cada vez mais escura, descobri que precisava voltar ao colorista a cada duas semanas e meia para manter meu cabelo castanho parecendo tão esperto quanto passei a exigir — eu não confiava que os *kits* de retoque das raízes feito em casa pudessem parecer "naturais". Não suportava um milímetro sequer de enervantes raízes grisalhas, não porque me importasse que as pessoas fossem de fato notar que eu pintava o cabelo — ao longo dos anos algumas das cores que escolhi eram visivelmente falsas —, mas porque a linha nítida entre as raízes grisalhas visíveis e as partes tingidas de escuro me parecia feia e decadente.

Fiquei bem nervosa de contar minha decisão de parar de pintar o cabelo a Joseph Artale, o dono da Arte, o salão-butique discreto no SoHo de Manhattan, onde minha família inteira fizera o cabelo durante anos. Não tinha medo de que Joe fosse ter um ataque histérico com a idéia, do tipo *reality-show* de televisão. Ele é um cara sensato, bem ajustado, bonito, pai de três filhos, e o clima de seu salão é chique porém prático, íntimo, familiar. Mas ele era, afinal de contas, o profissional, e eu estava preocupada com a possibilidade de estar cometendo um erro.

Joe apenas comentou meio brincando: "Ah, meu Deus, espero que você não esteja dando início a um tipo de *moda* aqui". E então, num jeito mais sincero e até ligeiramente em pânico, acrescentou: "Aviso, essa via não é recomendada para todo mundo". O negócio do salão, é claro, poderia ser dizimado se um número significativo de mulheres parasse de tingir o cabelo. Mas ele topou.

Eu não tinha idéia de onde estava me metendo. Sou uma pessoa impulsiva, tipo aponta e atira, e ao longo dos anos passei a me dar conta de que o melhor jeito para eu me dar bem em tarefas difíceis às quais tinha me imposto — parar de fumar, mudar de carreira de executiva de revistas para produtora de TV, para escritora de revistas e autora, ajudando a começar novos negócios (revista *Spy* nos anos 1980, revista *Nickelodeon* no início dos anos 1990, uma companhia de produção no final dos anos 1990), vender uma adorada fazenda no norte do estado de Nova York — é contar os meus planos ao maior número de pessoas possível e bem rapidinho. O conhecimento público passa a ser um incentivo para me manter na trilha.

Mesmo antes de contar à minha família que eu resolvera deixar meu cabelo voltar à cor natural, busquei aquilo que achei ser reforço positivo à minha decisão por parte de algumas amigas da minha idade. Os resultados variaram.

Uma das primeiras pessoas para quem liguei a fim de comentar a decisão de voltar a minha cor natural foi uma amiga de infância que morava em Lawrence, Kansas. Jane estava no mesmo barco. Ela me contou que tinha recentemente deixado seu cabeleireiro começar a transição de luzes louras para brancas. Ela me fez rir alto quando disse: "Estou esperando que cresça naquela linda cor de neve, mas temo que vá ser mais como a publicidade de velhinhas. Mas olhe, a Emmylou bombou! Meu marido está caidinho por ela". E como todas as boas amigas, ela me encorajou. "Você vai ser uma daquelas mulheres fabulosas de cabelos brancos em écharpes maravilhosas e suéteres por cima de calças *cigarrette*". O *feedback* instantâneo dela foi inspirador. Eu pensei: é, *exatamente, sofisticada, tranqüila* e *fazendo parte de um movimento*.

Minhas amigas grisalhas — uma minoria ínfima de mulheres que conheço, talvez 5% — foram, como membros de todos os "clubes" que querem novos convertidos, extremamente entusiásticas. Aki, uma das minhas companheiras de viagem a Lily Dale, que pratica natação a sério e não tinge o cabelo em parte porque ele se transformaria num capacete marciano com o cloro, prometeu que eu me sentiria liberada, de folga de uma tirania menor mas real. Duas mulheres de meu clube do livro, as duas com cerca de 65 anos e fabulosos cabelos brancos, disseram que raramente tinham sido mais felizes do que nos dias seguintes à decisão de parar de tingir os cabelos. *Está bem*, pensei, *sou capaz*. Eu tinha exemplos positivos que respeitava e achava serem sexy e razoavelmente satisfeitas.

Uma amiga com cinqüenta e poucos anos que estava se recuperando de um câncer tinha um testemunho ainda mais importante para mim. "Depois da químio meu cabelo cresceu muito grisalho", disse ela, "e estou pensando em mantê-lo desse jeito. O motivo é de alguma maneira 'me mostrar'. Gosto de contar às pessoas que, por causa desse câncer, vi meu espírito. Embora eu preferisse poder dizer que ficara grisalha de um dia para o outro, meu cabelo na verdade não ficou branco por causa do medo" — durante anos ela os tingira de castanho —, "mas sua brancura simboliza ter ficado aterrorizada. Em um nível mais simples, eu gosto do atributo de antes e depois dele. Não sou a mesma pessoa que antes da doença. Passei por um tipo de cadinho. É uma espécie de distintivo de... bom, não de coragem, mas de ter sido mudada, como ser uma veterana de guerra." Depois de ter falado com ela me dei conta de que eu preferia ser aliada de uma mulher como esta — alguém que encarara o desafio supremo e saíra mais forte do outro lado — do que fingir que tudo eram rosas o tempo todo.

Por outro lado, senti uma freada ao ler o que a música Melissa Etheridge, depois de terminar seu tratamento de câncer e fazer uma aparição corajosa e careca no Grammy, disse: "Tenho um cabelo lindo ... eu o tinjo de louro, no entanto. Posso ficar careca diante do mundo, mas não consigo ficar grisalha". Se uma feminista forte, sincera, tinha medo de parar de tingir o cabelo, o que eu estava querendo?

Quando contei o plano a amigas que pintavam o cabelo, o *feedback* que obtive foi mais variado, interessante sob vários aspectos, mas não muito encorajador.

Algumas entraram em grandes detalhes sobre os próprios devaneios particulares sobre abrir mão da tintura. Uma amiga, que tinha se dedicado extensivamente a procedimentos cosméticos — lipoaspiração, Botox, preenchimentos, plástica de nariz — me disse que queria conseguir parar de se preocupar com *essas coisas*. Mas confessou que lhe faltava coragem.

Outras mulheres ficaram simplesmente atônitas e consternadas. "*O quê?*" — gritou minha vizinha, dona-de-casa ítalo-americana "loura", com cinqüenta e alguns anos, quando mencionei minha decisão. "Por que *cargas d'água* você quer parecer *mais velha?*" E, o que foi um certo choque para mim, uma excelente amiga — orgulhosa do feminismo da escola antiga e liberal, executiva de mídia de sucesso — ecoou o mesmo sentimento. "Não consigo imaginar o que poderia levá-la a fazer isso. Tenho a intenção de continuar pintando o cabelo até morrer."

Quando contei minha intenção de ficar grisalha para a minha amiga Nora Ephron, sem saber que ela estava no meio da elaboração de seu delicioso, e inteligente *Meu pescoço é um horror: e outros papos de mulher*, ela tinha uma resposta pronta, tranqüila e contundente. É claro, tinha pensado um bocado a esse respeito. "O cabelo branco é um ato político para algumas pessoas. Elas atribuem grande prioridade à *afirmação* dele. Sentem-se como se ganhassem pontos por terem cabelos grisalhos, um tipo de superioridade moral." Senti-me um tanto baqueada. Fingir que se é mais moça do que é não passa de uma forma de vaidade, mas ostentação de autenticidade, quando passa a ser demasiadamente auto-elogiosa e virtuosa a seus olhos, pode ser um tipo de vaidade diferente — e o último caso, segundo Nora, é um "luxo" da juventude. "As pessoas começam a tingir o cabelo antes do final da história", disse Nora, se referindo ao final da juventude real. "Aos trinta anos elas ficam com medo de se transformarem na imagem de suas mães. A grande diferença entre nossas mães e nós é *apenas* química. Quando minha mãe tinha a minha idade, podia-se ter duas cores de cabelo — azul ou cor-de-rosa. O cor-de-rosa era chamado de loura morango." Nora, que está com 66 anos, não tem planos de parar de tingir o cabelo.

Muitas de minhas amigas me olharam com a mesma incredulidade que eu poderia ter tido em relação a elas caso elas me dissessem que iam fazer implantes de seios ou fugir com o eletricista. Eu não estava falando de nada demais, na verdade — quero dizer, é só *cabelo* —, mas me dei conta de que o fosso entre os dois campos, os que adotam e os que resistem, é bem amplo.

É claro, porém, que a questão não é *só* cabelo. Quando crianças pequenas somos encorajadas a envolver-nos em "brincadeiras de cabelo" pelos fabricantes de brinquedos. Companhias como a Mattel gastaram zilhões de dólares e horas estudando como as crianças realmente brincam, o que eles chamam seus "modelos de brincadeiras", e, para as meninas, brincar com cabelo — o da boneca ou o próprio — está bem no topo da lista de como elas gostam de passar o tempo.

Brincar com cabelo, supõe-se, tem a ver diretamente com nossos mais básicos instintos maternais e sociais. O auge é um produto que a Mattel vende chamado *Fashion Fever Grow'N Style Styling Head*. Não passa de uma enorme cabeça de Barbie, sem torso, com cabelo que "cresce", de modo que você pode passar horas penteando-o.

O cabelo é um sinal de taquigrafia saliente que usamos para comunicar aos outros quem queremos que eles pensem que somos. Podemos experimentar *personas* diferentes e ajustá-las diariamente — um dia liso, passado a ferro, no seguinte, ondulado; outro dia arrumado num comportado coquezinho, no seguinte, uma "cabeça de cama" despenteada; um dia com acessórios, prendedores minúsculos, no seguinte, uma écharpe amarrada. As variações não têm limites e nenhuma é permanente — um ideal perfeitamente moderno e perfeitamente norte-americano. O cabelo é o supremo instrumento da moda.

Portanto, por que eu chego a me importar com o que qualquer pessoa faz com seu cabelo? Porque em algum ponto do espectro — de garotinhas fingindo serem mamães, brincando com o cabelo de suas Barbies, a uma grande maioria de mulheres com mais de quarenta anos tingindo o próprio cabelo — perdemos um elo com a realidade. A criança de oito anos *sabe* que está *brincando*, mas a mulher de sessenta com cabelo louro tingido... nem tanto. A afirmação anti-*establishment* que determinados estilos de cabelo costumavam representar — cabelo comprido ou afro para homens e mulheres nos anos 1960, moicanos nos anos 1970 e 1980, pinturas fluorescentes nos anos 1990 — tornaram-se marcas de períodos. Hoje parece que a afirmação política mais provocativa que uma mulher pode fazer com seu cabelo é deixá-lo naturalmente grisalho.

Existe, eu acho, o início de uma brecha na cultura que nos lembra das divisões contenciosas, viscerais, entre mulheres que trabalham fora e as que ficam em casa com os filhos. Encontrei um tipo de esnobismo, um "somos mais sabidas do que vocês, patetas fracotas" orgulhoso entre as verdadeiras adeptas dos cabelos grisalhos, e uma atitude defensiva orgulhosa do tipo "como ousa julgar minhas escolhas porque eu faço isso por mim mesma para me sentir bem *comigo*" no campo comprometido com o tingimento.

Quando tomei minha decisão de ficar grisalha, eu não tinha idéia de que a escolha pudesse provocar respostas tão carregadas de emoção. Resolvi expandir e até formalizar meu "conselho consultivo" de amigas — mais um grupo-alvo que um grupo de apoio. Elas iam do meio dos trinta anos ao meio dos sessenta, e passavam por toda a gama de profissões — psicólogas, designers, escritoras, administradoras domésticas, voluntárias, marqueteiras e empresárias. Das quinze, três tinham cabelo grisalho ou branco.

Quando convoquei nosso primeiro almoço, fiquei preocupada que as mulheres fossem achar o tema muito pouco importante, e, diante de nossa vida atribulada, o tempo roubado de seus dias poderia ser um sacrifício.

Como me enganei!

Todo mundo pareceu encantado em ter um pretexto para conversar seriamente durante duas horas a respeito de quase nada além de *cabelo*. As conversas foram animadas. E reveladoras.

Rachel, filha de pais socialistas, com 44 anos, que também por acaso é psicanalista com cabelos compridos encaracolados, tingidos de escuro, falou de seu sentimento de culpa por tingir o cabelo, porque se sentia como se tivesse traído os valores antiplástica de sua juventude de Woodstock. Ela parecia assustada ao confessar que, em meio à tarefa de cuidar de sua mãe com câncer, ainda se preocupava em retocar as raízes. Estariam suas prioridades embaralhadas?

Antes de Rachel terminar de falar, Emily, dona de um estúdio de design próprio, com cerca de 45 anos (cujo cabelo é longo, ondulado e tingido), tentou aliviar a culpa de Rachel. Ela vibrou ao descrever que seu tempo no salão de cabeleireiro era a única hora que tinha para si mesma durante o mês, longe de bebês chorando, exigências de trabalho e interação conjugal. Era o único momento em que se sentia mimada e livre para apenas pensar.

"Então, alguma de vocês arranca seus cabelos brancos?" – perguntou Sara, uma editora de revistas com cerca de 45 anos e cabelo à altura do ombro naturalmente castanho. Sara estava de fato interessada em saber se outras pessoas arrancavam e se isso poderia ter alguma conseqüência negativa a longo prazo. "Sou fundamentalmente pão-duro e me recuso a entrar na 'fraude da cor', mas quero adiar o máximo possível os cabelos brancos", disse ela. Pensei comigo mesma que essa estratégia de arrancar o cabelo não teria um bom desfecho; extensões calvas me pareciam muito piores que cabelos grisalhos.

Uma editora chique, com quarenta e alguma coisa, confessou que aos 35 anos, quando seu cabelo estava começando a ficar grisalho, uma colega comentou: "Você parece tão distinta!". Como ela contou para o grupo, "esse advérbio *tão* não funciona comigo". Nem a piada do marido, quando ela pintou o cabelo em casa, de que ela estava parecida com Elvis Presley.

As duas terapeutas do grupo, que tingiam o cabelo, disseram que achavam que, se modificassem a aparência delas de modo muito drástico, perturbariam os pacientes. Parece que consistência superficial numa psicanalista é algo desejável. Para elas servia como um motivo virtuoso, de bom sentimento — *trata-se de profissionalismo e sensibilidade com relação aos sentimentos dos outros, não vaidade pessoal* —, para continuar tingindo.

Cada mulher falava sobre como cuidar do cabelo fazia com que se sentissem bem consigo mesmas — e, com isso, a maior parte delas queria dizer tingi-lo.

De início, as mulheres "não coloridas" ficaram em silêncio, à margem, enquanto as outras falavam. Monique, uma ex-editora de modas e agora, com seus sessenta anos, paisagista, era a única mulher no almoço com cabelos perfeitamente brancos. Tímida por natureza, ela disse: "Nunca me passou pela cabeça tingir o cabelo", quando lhe perguntei. Monique ficou grisalha muito jovem, e acho que seu cabelo tornou-se uma espécie de logotipo — um instrumento poderoso de diferenciação no competitivo mundo da moda. Ela mencionou que muitas vezes choferes de táxis gritavam para ela, enquanto caminhava na rua: "Grande cabelo, senhora!". E se eu tivesse consultado minhas amigas naquele dia, acho que seríamos todas unânimes em concordar que Monique tinha o cabelo mais bonito da mesa.

Betsy, ceramista de 51 anos e ex-designer de chapéus, com cabelos que se tornavam grisalhos à altura do queixo, disse que estava lutando com todo o conceito de "luzes escuras" de coloração reversa, o acréscimo de mechas escuras ao cabelo grisalho. Se pesquisarmos "cabelo grisalho" na internet, uma grande quantidade das informações que iremos descobrir diz respeito exatamente a como as mulheres podem acrescentar "dimensão" ao cabelo introduzindo uma variedade de cores. Pessoalmente acho que isso é apenas mais um meio de a indústria de beleza nos manter de acordo com seus sistemas. Mas "luzes escuras" podem efetivamente mudar o assunto de verdade sobre idade *versus* juventude para estética do feio *versus* o estiloso.

A escritora Kit, com 52 anos, que faz luzes no cabelo castanho, me puxou para um lado depois do almoço. Ela estava visivelmente entusiasmada. "Achei a discussão de hoje fascinante", disse ela. "Coisa muito difícil e complicada. Algo que me chamou a atenção foi o embate constante entre a culpa e a vaidade e fazer coisas a si própria para si mesma. Então, a feminista luta contra a moralista/purista; a sábia hippie que quer fazer as coisas naturalmente debate com a mulher de negócios esperta, empreendedora, que acredita e age. Como sempre, estamos em contradição porque sentimos as duas coisas; somos as duas coisas. A voz puritana diz que, se fizermos algo para esconder nossa idade, estamos trapaceando; a voz pragmática diz que simplesmente estamos assumindo o comando, que a idade é uma coisa relativa. Acho que é importante que nos conheçamos a nós mesmas bem o suficiente para saber *por que* fazemos certas coisas, quando elas têm significado e quando não têm, e qual o custo pelo resto da vida."

Eu estava fascinada, e, francamente, surpresa pelas reações fortes de muitas das pessoas com quem falara ao começar a "ficar natural". Era como se uma lâmpada se apagasse sobre a cabeça de todo mundo: nós *meio que* sabemos em algum nível subliminar que a maior parte de nós está trapaceando — hoje em dia, a maior parte das mulheres norte-americanas acima de quarenta anos tinge o cabelo — mas raramente chegamos sequer a *pensar* a esse respeito e quais suas implicações.

Ao examinar e conversar sobre esse foco quase universal de vaidade intensa, me dei conta de que tinha cutucado o centro de uma grande ansiedade coletiva. Hoje é a ubiqüidade do cabelo tingido, mais que qualquer outra coisa, isoladamente, que permite às mulheres (e a muitos homens) invocar o tipo de pessoa que elas querem parecer.

Todas as minhas conversas no início do meu processo de ficar grisalha me convenceram, mais do que nunca, de que essa questão aparentemente tão trivial era, de fato, nada trivial às psiques, identidades e vida das mulheres.

Eu queria ver o que os especialistas tinham a dizer a respeito do envelhecimento autêntico. Vasculhei a literatura relevante na livraria do bairro. Descobri livros aos montes sobre maneiras diferentes de manter uma aparência jovial, parecendo ter quarenta anos até morrer, disfarçando a realidade do cabelo grisalho, rugas e perda do tônus muscular. Ou livros que, na melhor das hipóteses, afirmavam de passagem como era *fabuloso* o cabelo branco. Nenhuma das informações era recente: assim como todos sabemos que não devemos fumar, devemos ser moderados na ingestão de alimentos e bebida e devemos nos exercitar e evitar o sol em demasia, também sabemos que a cirurgia pode tornar a pele mais lisa, mais ajustada e mais gordinha (com a importante exceção da pele do pescoço, como Nora Ephron explicou de modo hilariante em seu livro).

Também havia livros sérios a respeito do envelhecimento, da análise acadêmica seminal de George Vaillant sobre como pessoas diferentes ficam velhas de modo diferente (*Aging well* (Envelhecendo bem)); à obra de polemistas como Betty Friedan (*The fountain of age* (A fonte da idade)), Germaine Greer (*The change: women, aging and the menopause* (Mudanças: mulheres, envelhecimento e a menopausa)), Simone de Beauvoir (*The coming of age* (A chegada da idade)) e Carolyn Heilbrun (*The last gift of time: life beyond sixty* (A última oferta do tempo: a vida depois dos sessenta), reafirmando o *status* das mulheres mais velhas; aos escritos de jornalistas como Peggy Orenstein e Letty Pogrebin, centrados em mulheres com seus cinqüenta anos; às oferendas de Naomi Wolff (jovem, bonita), olhando de modo crítico para nossas normas culturais de beleza. Algumas poucas corajosas escritoras, como a falecida M. F. K. Fisher ou Colette, usaram a ficção para explorar o medo e o sentimento de perda que a maior parte das mulheres sente com a aproximação da menopausa. Havia alguns poucos livros que examinavam como cuidar do cabelo grisalho e como vestir-se e aplicar maquiagem para uma nova paleta de cores, mas esses passaram por cima — e com maior freqüência desconsideraram inteiramente — dos estigmas, falados ou não, relativos ao cabelo grisalho.

Embora eu tenha me beneficiado ao ler todos esses livros, quanto mais lia, mais me sentia desanimada. Um mantra simples, politicamente correto, intencional demais, "você não está ficando mais velha você está ficando *melhor*" cozinhava dentro de todos os assim chamados livros para a terceira idade. O tom tendia para uma extenuante torcida, e não fiquei nem um pouco inspirada pelas exortações a respeito de adotar minha "bondade interior" e como podia ser legal ser uma "velha". (Francamente, a própria palavra "velha" me horrorizou.) As opções oferecidas pareciam entrar no extremo estereótipo cultural do "uma coisa ou outra" — uma mulher tinha duas escolhas, ao envelhecer: virar uma excêntrica aspirante a Joan Collins/ Faye Dunaway, ou então se tornar uma hippie tipo "deixa tudo despencar". E a tendência de muitos dos livros com relação à linguagem "espiritual" sem sentido fez até a "eu Nova Era" querer sair gritando na direção oposta.

Nenhum deles era o manual claro, de fala simples, prático, que eu queria para me ajudar a entender o que significa navegar pela minha meia-idade com um pouco mais de confiança, com um pouco menos de falsidade e confusão.

Descobri, em resumo, que eu ia realmente ter de descobrir como ficar grisalha sozinha.

Era hora de saber o que minha família achava. Meu marido, Kurt, é um paradoxo. Por um lado, como romancista e ensaísta, ele exige precisão de pensamento altamente cheio de nuances, e pensamento descuidado *não* é uma coisa que ele agüente em silêncio. Por outro lado, muitas vezes não notou mudanças no meu cabelo que eu tinha considerado importantes — com a notável exceção da época, quando eu tinha cerca de 35 anos, em que cortei meu cabelo extremamente curto e ele comentou, esvaziando minha bola, que eu parecia uma "jogadora de golfe". Ele prestava atenção à sua volta, sim; é só que às vezes parece que opera num plano mais cerebral do que físico. Então a resposta "claro, porque não?" que deu quando contei que ia deixar meu cabelo ficar grisalho foi bem o que eu esperava.

E sua abordagem *laissez-faire*, topo qualquer parada para a maior parte das coisas tem sido uma vantagem enorme e libertadora para mim — dando-me a liberdade de entrar e sair de empregos com a garantia de seu apoio, e viajar a lugares como Hanói, Mumbai e Kilimanjaro quando eu quisesse. Mais importante, com relação a essa última decisão, ele me deu todo o apoio — ou pelo menos aceitou silenciosamente — durante os mais de vinte anos em que meu cabelo passou pelas suas contínuas variações de cor. Como estávamos juntos desde que éramos praticamente crianças — perdemos nossos pais, mudamos de empregos, criamos filhos, começamos negócios, lidamos com doenças —, eu acreditava que nosso relacionamento e o fato de ele me achar sexy não dependiam da cor do meu cabelo.

Mas ... quem poderia dizer? O cabelo *dele não* estava grisalho. E sua falecida mãe tivera cabelo grisalho curto à Gertrude Stein durante os 25 anos em que a conheci. Embora eu a adorasse, agora me preocupava se eu poderia ficar parecida com ela, e a idéia me fazia estremecer.

Minha filha mais velha, Kate, apoiou. Mas é claro que ela apoiaria. Aos dez anos de idade ela ficara fascinada com animação e desenhos em quadrinhos japoneses — nos quais a maior parte dos personagens tinham cores de néon, nunca vistos na natureza neste planeta. Aos doze, imitando seus heróis de *animés* e brincando com a própria identidade, ela começou a tingir grandes tufos de seu cabelo com nuances de cor-de-rosa, turquesa e verde. Eu achei glorioso. E por que não haveria de achar? Ela não estava tatuando borboletas no pescoço ou pondo *piercing* na língua. Cada estágio das linhas do arco-íris parecia radiante em seu cabelo louro — eu gostava especialmente de como o azul desbotava para um traço de cobre nas pontas à medida que o cabelo crescia. Então, o que haveria de tão estranho em alguns brancos no cabelo da mamãe? Ela me disse que algumas de suas amigas achavam que, com meu cabelo escuro, eu parecia a Trinity, a personagem de *Matrix*, e achei a comparação lisonjeira e bacana, mas consegui me recuperar do fato de que muitos dos personagens de animação japoneses tinham cabelos dramaticamente *brancos*. Talvez minha aparência natural fosse ser um tipo assim, talvez, ... por dentro.

Quanto a encorajamento por parte de minha filha mais nova, Lucy, na oitava série na época, a pessoa mais assustadoramente franca na família, nem tanto. "Ah, meu Deus, não", disse ela. "*Por favor* continue a tingir o cabelo. Não quero ter uma das mães *velhas* da escola."

E embora eu soubesse que ela estava *tipo* brincando, o comentário me chacoalhou. Fiquei um tanto surpresa com a veemência dela. Se não por outra coisa, dada a franqueza natural, eu supus que ela tivesse adotado uma perspectiva minha mais visualmente sincera. Dei-me conta também de que ela estava de fato preocupada com que eu, ao parecer diferente das outras mães (nem uma única mãe na turma dela tinha cabelo grisalho), chamasse a atenção sobre nós. Seríamos *diferentes*. E quando se tem treze anos, diferente não é uma coisa assim muito boa. Bem no fundo eu sabia que ela, como minhas amigas que me acautelaram para não parar de tingir o cabelo, estava certa — sob algum sentido eu sem dúvida *iria* parecer mais velha.

Como já tinha resolvido, porra, não quis levar essa verdade desconfortável em consideração. Com o cabelo castanho-avermelhado de meus quarenta e tantos anos, eu realmente não achava que iria mesmo parecer mais jovem do que era. Mas a tarefa do tingimento pelo menos confundiu a questão, mudou o assunto. Deixar meu cabelo ficar na cor natural seria desconfundir a questão da idade, um anúncio definitivo para o mundo de que *não sou mais jovem*.

Ao contemplar o que eu estava prestes a fazer, descobri que não podia simplesmente mandar o medo parar de borbulhar. Só faltava um ano para o qüinquagésimo aniversário, afinal de contas. Comecei a ter noites de insônia, obcecada com o final da minha juventude. Mas por quê? Quero dizer, caí na real — *é só cabelo*. Nunca usei minha aparência para fazer carreira, embora tivesse tentado — e talvez fosse isso o que assustava: que fosse parecer que *simplesmente eu não me importava mais*, que resolvera *me largar*.

Durante a maior parte da minha vida profissional, eu trabalhara sobretudo em ambientes corporativos, mais recentemente como diretora de criação mundial da Nickelodeon, o canal de TV a cabo e marca de mídia para crianças. Esse emprego exigia que eu parecesse jovem o bastante para que acreditassem que eu sabia qual era a obsessão dos espectadores pré-adolescentes do canal, e ainda assim ter idade suficiente para administrar com eficiência dúzias de empregados com idades próximas aos vinte anos. Mas agora, aos 49, eu tinha me retirado dessa versão do mundo corporativo, com aquelas expectativas implícitas de credibilidade jovem.

Então, qual era o problema? Será que eu realmente pensara que me transformaria da noite para o dia em Barbara Bush ou na rainha Elizabeth? E que, *por causa* dos meus medos, eu resolvera que abrir mão de cor artificial de cabelo era exatamente o caminho certo? Sempre detestei que qualquer pessoa me dissesse que escolhas eu *tinha* de fazer, os modos pelos quais eu *tinha* de agir, e me dei conta de que a maior parte de minhas ansiedades a respeito de deixar meu cabelo ficar natural era levada, sem querer insistir demais nisso, pela histeria cultural induzida pela mídia de que grisalho é sinônimo de ressecado, pouco sexy, desleixado. Eu estava prestes a descobrir como era nadar contra a corrente.

Só SEU CABELEIREIRO SABE

EM 1950, QUANDO MINHA MÃE ERA JOVEM, menos de 10% das mulheres norte-americanas pintavam o cabelo. Hoje, a estimativa vai de 40% a 75% para todas as mulheres adultas — e conseqüentemente uma sólida maioria de mulheres com mais de quarenta anos o fazem. O famoso velho s*logan* de propaganda da Clairol — "Ela pinta... ou não pinta?" (*Does she ... or doesn't she?*) — perdeu a força e a relevância. Qualquer estigma e mesmo qualquer concessão aberta a todo tipo de cor artificial de cabelo são tênues vestígios de uma outra era. Sofremos uma mudança completa. Mas, com os diabos, como é que acabamos aqui?

Como criaturas, estamos biologicamente programadas para buscar os parceiros mais saudáveis possíveis para a procriação. Dois dos mais evidentes marcos de boa saúde são pele limpa e cabelo brilhante, em geral os atributos da juventude. Milênios atrás, quando nossas ancestrais fêmeas tinham vidas inimaginavelmente duras e, a maioria delas talvez morresse antes de chegar à menopausa, aqueles sinais genéticos exteriores eram importantíssimos. Comparados aos tempos pré-históricos, noventa anos são agora quarenta. Como a expectativa média de vida para uma mulher hoje nos Estados Unidos é acima de oitenta, e como agora é fácil para as mulheres evitar a gravidez, e perfeitamente possível engravidar com quarenta anos ou mais, há uma desvinculação entre aqueles marcadores genéticos antigos, superficiais, de saúde e a realidade contemporânea. Em outras palavras, nossa cabeça e nossa cultura não se acompanharam sob o ponto de vista evolucionário. Bem além de sua idade reprodutiva, as mulheres ainda se sentem obrigadas a competir pela atenção de um macho usando aqueles padrões "tem de produzir tantos bebês saudáveis quanto possível" do cabelo jovem e da pele de pêssego — tingir o cabelo com a cor que ele tinha em seus melhores anos para ter filhos e congelar quimicamente a testa na esperança de continuarem a ser desejáveis para criaturas fortes, saudáveis, que as possam engravidar.

Sexo sem procriação em si é bastante sem sentido, do ponto de vista genético. No entanto, constitui cerca de 90% do sexo que a maior parte de nós tem na vida, e curtimos esse tipo de sexo tanto (ou mais) quanto o tipo geneticamente significativo. Então, tentar permanecer atraente depois da menopausa é, do ponto de vista evolucionário, apenas um... *hábito* a que continuamos a nos dar ao luxo.

O fenômeno da cor artificial de cabelo é diferente, no entanto, porque, como tendência cultural de massa, é muito recente. Por que, só nessas poucas últimas décadas, o que parece ser vestígio da memória da espécie — cabelo grisalho feminino = estéril = pouco atraente — se tornou cada vez mais controlador?

Agora que os mais velhos dos nascidos no *baby boom* têm mais de sessenta anos, e todos os 77 milhões de integrantes dessa geração culturalmente dominante têm mais de quarenta anos, essa desvinculação, supõe-se, ficará ainda mais pronunciada. Para começar, os 40 milhões de mulheres norte-americanas que agora têm entre quarenta e cinqüenta anos são a maior quantidade de mulheres nos Estados Unidos que já pertenceram a essa faixa etária em qualquer outra época. Essa geração — a minha — foi a primeira a fazer do "jovem para sempre" um princípio permanente de orientação. E não há evidência de que as gerações mais jovens sejam diferentes nesse aspecto — pessoas aos trinta anos já não são jovens, mas pelo menos são persistentemente *juvenis* como os *boomers* eram na idade deles.

E antes de chegarmos ao final da década de 1960, precisamos olhar ainda mais para trás. É claro, cabelo tingido tem estado intermitentemente na moda há séculos, da *henna* egípcia às cabeleiras e cabelos empoados dos 1700. Mas um aspecto decisivo moderno — quando a cor de cabelo artificial foi apresentada como moderna, democrática, a coisa certa a ser feita — aconteceu na Feira Mundial em Paris, em 1867: a descoloração com água oxigenada foi introduzida junto com as exposições que defendiam mudanças na educação das crianças e formas de melhorar a higiene nos domicílios. Então, depois que a água oxigenada se tornou disponível, foram introduzidos colorantes patenteados.

Mas só nos anos 1950 — quando os *baby boomers* estavam nascendo e os grandes marqueteiros de cosméticos apresentaram tintas fáceis, sem base em água oxigenada, para uso doméstico, anunciando-as na nova mídia de massa, a televisão — as mulheres norte-americanas começaram a tingir o cabelo em massa. Até então, as mulheres que tingiam o cabelo eram consideradas cortesãs aventureiras — as Mae Wests, Jean Harlows e dezenas de milhares de não exaltadas versões locais de depravadas. Mas de repente, nos anos 1950, a grande nova era a artificialidade (plásticos! Dacron! Curvin!) e a vida melhor por meio da química. Qualquer mulher podia começar a experimentar sua imagem mais sutil e secretamente, na privacidade de sua casa e com pouco risco dos danos permanentes acarretados por processos mais antigos.

Na seção de beleza da revista *Good Housekeeping* em 1957, o artigo "Be good to your hair" (Seja boazinha com seu cabelo) menciona a novidade dos *color rinses*. Em 1959, a revista publicou um artigo chamado "Tingimento do cabelo: é para você?". "O tingimento de cabelo hoje em dia mudou. Rinses sutis e fórmulas delicadas para clarear cabelos louros podem ser quase tão seguros (e tão controversos!) quando a maior parte dos outros cosméticos. Agora o tingimento *permanente* — temperado pela discrição e precauções escrupulosas — tem um papel aceitável também." A cartilha de duzentas palavras entra em detalhes minuciosos a respeito dessa nova história de tingir o cabelo em casa.

Na época, antes de o cabelo colorido artificialmente se tornar onipresente, o pessoal de marketing ainda era obrigado a reconhecer, com um sorriso afetado, a pequena mentira que estavam propiciando. A campanha de publicidade da Clairol, "Ela pinta ... ou não pinta?" (*Does she ... or doesn't she?*) começou a fazer com que tingir o cabelo se tornasse mais aceitável e desejável para as mulheres de respeito.

Uma apresentação da campanha, em 1969, mostrava uma jovem mãe brincando na neve com seus gêmeos pequenos, e a frase de efeito plausível-negação: "Cor de cabelo tão natural que só o cabeleireiro dela sabe com certeza!". "Tudo fica mais divertido, mais animado quando ela está por perto. Seu sorriso, sua beleza luminosa, até a cor do cabelo dela, tão fresca e brilhante. Como a de uma criança."

"Cor artificial tirada de uma caixa — mas tão fresca e natural." O impulso da Clairol e seus concorrentes para tornar o cabelo tingido *normal* ia a pleno vapor durante os anos 1960, exatamente quando a honestidade "deixa tudo aparecer" e a "naturalidade" começavam a se tornar virtudes cardeais e o moderno feminismo de massa começava a surgir. Era uma contradição, e uma contradição que o pessoal de marketing abordou de modo direto — e então encorajou a nós, meninas e mulheres, à elegância, ao engodo e a deixar para lá.

Um anúncio da Clairol para a tintura Loving Care, em 1975, apareceu com uma imagem minúscula de uma moça fazendo o sinal da paz — esse foi o ano em que a Guerra do Vietnã finalmente terminou — e o seguinte texto:

> Puseram o homem na Lua. Por que não podem cobrir meus cabelos brancos sem mudar sua cor natural?
>
> Não quero ser rabugenta. Mas *naturalidade* é importante para mim. Tanto a relacionada a pessoas e à alimentação quanto, em especial, à minha aparência. Infelizmente, meu cabelo grisalho também é natural. E ele está de fato me atrapalhando, porque me faz parecer mais velha do que me sinto.
>
> Mas tornar-me uma loura oxigenada? Ou uma morena por peróxido? Não é meu estilo. Porque não importa o quão natural a cor pareça ser, seria a de outra pessoa, não a minha...
>
> Loving Care... não tem peróxido. Cobre o branco sem mudar sua cor natural...
>
> Lindo. Agora que uso Loving Care, você não consegue perceber meus cabelos brancos. Obtive minha cor natural com alguns realces que não tenho desde criança...
>
> Ah, se eles pusessem uma mulher na Lua!

No final da década, a idéia de que todas as mulheres *precisavam* melhorar a vida por meio da cor do cabelo era geral. As mensagens de marketing em relação à cor de cabelo desviaram-se do encorajamento alegre, ligeiramente hesitante, em direção a não seja moralista, junte-se ao zelo vitorioso. "Eu não achava que tingir o cabelo era para mim", diz o pseudo-testemunho em uma publicidade de Miss Clairol em 1979. "*Agora* mal posso acreditar que esperei... Eu tinha umas idéias bastante estranhas sobre tingimento de cabelo. Tinha medo de que ficasse muito 'evidente'. Tinha a certeza de que não pareceria natural. Mas agora, que tingi, sinto-me mais bonita. Mais jovem. Até um pouco mais sexy. E não consigo imaginar por que esperei tanto."

"*Mais jovem. Mais sexy.*" As contínuas implicações do movimento jovem dos anos 1960 — a imposição de sensibilidades definidas pelo *rock and roll*, a liberdade sexual e um tipo de relativismo "faça do seu jeito" a respeito da vida em geral — eram variadas e contraditórias. Mesmo quando éramos jovens e tínhamos certeza absoluta do que era certo e errado, apaixonadamente furiosos com a guerra, a injustiça e a falsidade do *establishment*, nós também dávamos uma importância desesperada à nossa aparência, do calçado (sandálias? saltos mais baixo que a ponta? botas de bico redondo e salto quadrado?) aos vestidos indianos, os jeans de boca-de-sino, às nossas camisetas tingidas e *guayuaberas* da Guatemala, até — especialmente — nosso luxuriante *cabelo*.

Hoje, três ou quatro décadas depois da transformação cultural promovida pelo movimento da contra cultura, elaborada pelos *baby boomers*, nos mantivemos na parte hedonista do "jovem para sempre" dos nossos sonhos de Woodstock, muito mais tenazes que a parte "aberta, honesta e autêntica". Sim, as mulheres realmente trilharam um longo caminho na direção da igualdade de oportunidades e poder social. No entanto, ao mesmo tempo, houve um *estreitamento* na gama de aparências aceitáveis para as mulheres. Elas hoje podem ser executivas e âncoras de notícias na TV, e tem abertura para satisfazer seus apetites sexuais — mas só se parecerem eternamente jovens. E uma exigência primordial é a cor de cabelo diferente de grisalha ou branca.

Nossa presente era da moda de cor artificial nos cabelos começou nos anos 1950 e 1960. Mas o ponto culminante, acredito, veio durante os anos 1980 — quando os *baby boomers* mais velhos entraram na meia-idade e a grande ilusão da permanente juventude física se tornou bastante disseminada e quase obrigatória. Não acho que seja coincidência o fato de que Ronald Reagan, um homem com os cabelos estranhamente pretos aos setenta anos (além da pele reluzente, corada), tenha presidido o país de modo jovial e amoroso durante aquela década.

Agora, a cultura da mídia 24-7 (24 horas, sete dias), que surgiu desde então, joga constantemente em nossas caras pessoas famosas "jovens para sempre". A fantasia — vendida por todas as revistas femininas, todas as revistas de celebridades, todos os programas de TV — é que qualquer um de nós pode aspirar a parecer com Diane Sawyer aos 62, com Goldie Hawn aos 62, com Sofia Loren aos 73. E quase todos nós começamos a acreditar nessa fraude em algum nível, mesmo que, no *US Weekly* ou em sites da web como AwfulPlasticsurgery.com, ocasionalmente vejamos de relance Goldie Hawn ou Mary Tyler Moore na vida real, com a aparência das avós de 62 ou 73 anos que realmente são.

Quando até Oprah Winfrey tem episódios em seu programa de TV dedicados a modificações extremas na aparência (inclusive a transformação de Coretta Scott King pouco antes de sua morte), sabemos que o desejo de parecer o mais jovem possível está imbuído em nossa cultura de forma permanente. Num programa *Oprah* no ano passado, sobre "agir de modo brilhante" e "adotar a sua idade", a atriz Diahann Carroll, com 71 anos, disse: "Não há motivos para se ter cabelo grisalho". Em *Meu pescoço é um horror*, Nora Ephron escreveu: "Existe um motivo pelo qual quarenta, cinqüenta e sessenta anos não parecem mais com o que eram, e isso não foi por causa do feminismo, ou por uma vida melhor através dos exercícios. É por causa da tintura de cabelo". Durante um segmento recente no programa *Today*, um consultor sobre cabelos disse ao público — cuja maior parte era formada por mulheres na meia-idade — que uma mulher de mais de quarenta anos "nunca deveria deixar o cabelo ficar grisalho", ponto, e que as mulheres acima de cinqüenta anos deveriam ter uma cor artificial "multidimensional".

Essa escamoteação da verdade tem sido ainda mais reforçada por tecnologias da mídia. Em um jantar, não há muito tempo, sentei-me ao lado de um diretor de iluminação de um dos programas de entrevistas apresentados tarde da noite, e fiquei surpresa em saber por ele até que grau as pessoas da televisão ao vivo são "realçadas" para parecer mais jovens — ou bem menos velhas. Eu sabia que uma iluminação inteligente, a maquiagem especial e o efeito "atenuante" Barbara Walters (no qual se besuntam as lentes das câmeras com vaselina para diminuir as rugas e papos) eram todas ferramentas profissionais. Mas não tinha idéia de que havia uma nova versão eletrônica de untar as lentes. Essa façanha, que ganhou um Emmy técnico, tira de foco apenas detalhes das partes cor de pele da imagem no vídeo, enquanto o resto da imagem mantém os detalhes completos. O resultado é que os rostos parecem muito mais lisos, mais jovens. À medida que a televisão de alta definição se torna mais adotada, expondo cada poro e imperfeição, a demanda dessas mentiras digitais só vai aumentar. (E, realmente, alguns talentos do "ao vivo" têm acordos contratuais estabelecendo que seus programas *não* irão ao ar em alta definição exatamente porque acham que parecerão "reais" demais.) É o Photoshop em tempo real, ação ao vivo. E nenhum de nós em casa percebe. É literalmente impossível para nós chegarmos aos pés dos rostos anormais de tão jovens que vemos na TV ou em revistas.

É um dado o fato de que qualquer poro, ruga, mancha, flacidez e papo será apagado da fotografia de celebridade em revistas. Só quando se revelou que alguém na máquina de publicidade da CBS tinha "photoshopado" dez quilos de excesso de peso da primeira âncora feminina solo nas notícias vespertinas foi que questões éticas (menores, passáveis) a respeito da verdade e da ilusão se levantaram — como se exatamente a mesma coisa não tivesse sido feita antes com âncoras homens, e como se talentos das notícias na TV tivessem de ser os últimos guardiões da verdade visual. É, alguém examinou o cabelo artificialmente realçado de Chris Mathews (61) ou Tim Russert (57), Lou Dobbs (61) ou John McLaughlin (80) ultimamente?* Eu poderia continuar. Para sempre.

Katie Couric ficou, com muita razão, chateada por alguém ter alterado a imagem dela sem sua permissão — mas, convenhamos, é apenas uma questão de grau, já que nada há de natural na cor de seu cabelo. O departamento de relações públicas da CBS, por azar, só fez o que já era uma prática comum — fazer todo mundo parecer melhor que na vida real. Só que no caso de Couric, a forma não se ajustou à função, já que naquele momento os atributos da marca em questão eram a sobriedade de discurso e a verdade dita. Enquanto isso, as pessoas que a *assistem* podem agora conseguir fazer a mesma coisa em si próprias, em casa: a Hewlett-Packard oferece um novo dispositivo "adelgaçador" em câmeras fixas que automaticamente faz as pessoas parecerem mais magras.

Acho que toda essa pressão social e cultural, sutil mas feroz, de se manter cosmeticamente emparelhados com os Jones — em especial se os Jones em questão forem do calibre da atriz Catherine Zeta — molda mais que nunca nossas escolhas pessoais. Essas comparações são inevitáveis — somos todos seres humanos —, mas não precisam tiranizar ou paralisar. O individualismo não é o âmago dos valores norte-americanos? "A maior parte de nós deseja se harmonizar com seus pares, mas não queremos nos harmonizar bem demais", escreveu no ano passado o psicólogo Daniel Gilbert em seu *bestseller*

---

* Apresentadores de programas na TV americana. (N. E.)

Stumbling on happiness (O que nos faz felizes). "Prezamos nossas identidades únicas, e pesquisas mostram que quando as pessoas são obrigadas a se sentirem semelhantes demais a outras pessoas, seu humor rapidamente fica azedo e elas tentam se distanciar e se distinguir de formas variadas." Desse modo, quando tentamos demais parecer com qualquer outra pessoa, estamos provavelmente fazendo o *oposto* daquilo que nos faz feliz. E ter uma obsessão com uma determinada versão estreita de juventude física é um caminho seguro para criar expectativas falsas que acabam nos fazendo sentir muito mal. Só porque temos a mesma cor de cabelo que as atrizes Jennifer Aniston ou Julianne Moore, ou dirigimos um carro igual ao de Cameron Diaz, ou usamos o vestido igual ao de Eva Longoria ou Mischa Barton não significa que nossa vida vá de algum modo, se parecer com a delas. "Assim como homens carecas com cabelo postiço barato sempre parecem esquecer", escreveu Gilbert, "que agir como se se tivesse alguma coisa e realmente tê-la não são a mesma coisa, e qualquer um que olhe de perto poderá notar a diferença." Se substituirmos "homens carecas" por "mulheres grisalhas", e "cabelo postiço barato" por "tinturas", veremos como fui durante a maior parte da minha vida adulta. Como descobri, a minha transformação do quadragésimo aniversário em preto-carvão não me transformou magicamente na nova Madonna.

Talvez isso também valha para você.

Como geração, nós, *baby boomers*, fizemos aeróbica, Botox e tingimos o cabelo em nossa trajetória para uma negação coletiva do fato de que estamos ficando velhos. Nós todas mais ou menos sabemos que *realmente* não enganamos ninguém, mas não podemos abandonar essa ilusão.

Conversei a esse respeito com Anna Quindlen, a comentadora e romancista. "Todos nós queremos acreditar que não parecemos ter a idade que temos", disse ela, "e pessoas da nossa idade absorveram essa mensagem de que fazer dieta, exercícios e as coisas certas nos fará viver eternamente." Anna tem 55 anos. "Somos a primeira geração que dissimuladamente" — ou seja, não literalmente mas como uma forma de pensamento mágico, do mesmo jeito como as crianças vêem as coisas — "acredita que não vai morrer. E isso influencia nossa abordagem do envelhecimento de modo profundo."

O negócio envolvido nesse desejo de nos mantermos com aparência jovem é grande. O mercado "cosmacêutico" — produtos para a pele com componentes cosméticos e medicinais — foi responsável por 13,3 bilhões de dólares em vendas no ano passado. Isso corresponde a 2,6 bilhões de dólares mais que apenas cinco anos atrás. E agora que o Avon's 2005 Global Women Survey revelou que 80% das meninas e mulheres norte-americanas entre *quinze e 24 anos* acreditam já mostrar sinais pouco atraentes de envelhecimento, isso é uma garantia absoluta de que o mercado só tende a aumentar cada vez mais. Se adolescentes se preocupam com o envelhecimento, a geração de 1960 deveria simplesmente desistir.

Em um levantamento feito entre oitocentas mulheres, 87% disseram que o cabelo fazia "parte de sua personalidade", e 58% disseram que o cabelo, de um jeito ou de outro, afetava bastante sua confiança. Por causa de nossa específica e emocional atenção ao cabelo, o mercado para cuidados capilares é uma parte grande do alto crescimento na indústria da beleza. No mesmo levantamento, quando pediram às entrevistadas que dissessem a cor de seu cabelo, "grisalho" sequer era uma opção disponível.

Como orientação aproximada, 50% das pessoas terá 50% de cabelo grisalho aos cinquenta anos de idade — o que se traduz num mercado imenso. Alguns marqueteiros de tinturas de cabelos calculam, de modo esperançoso, que até três quartos das mulheres tingem o cabelo, embora algumas pesquisas ponham esse número mais próximo da metade, incluindo mulheres na adolescência, vinte e trinta anos. Mas todos nós conhecemos inúmeras vizinhanças — talvez moremos numa — em que a porcentagem é facilmente 75% ou mais próxima de 100%. De acordo com uma matéria que saiu ano passado na revista *Washingtonian*, "três quartos das mulheres [brancas] de Washington tingem o cabelo".

Até eu parar de tingir o cabelo, nunca ousei calcular quanto essa tintura me custava. Quando fiz os cálculos, fiquei confusa. Como odiava tanto a visão de raízes grisalhas, eu ia ao cabeleireiro, em média, uma vez a cada três semanas, entre as idades de 25 e 49 anos. Cada três semanas durante 24 anos somaram um gasto total, sem ajuste de inflação, de 65 mil dólares. Assombroso. Perguntei ao meu consultor de investimentos quanto essa soma, se eu a tivesse investido, teria me dado hoje. "Trezentos mil dólares", me disse ele. Em outras palavras, eu poderia ter pago a educação em faculdades particulares das minhas duas filhas com minha linha de orçamento para tingimento de cabelo — caso eu tivesse tido uma linha de orçamento para tingimento de cabelo. No entanto, mesmo durante as épocas em que o dinheiro estava curto, depois que deixei o emprego na Nickelodeon, em 1996, nunca me passou pela cabeça abandonar a manutenção do meu cabelo — uma boa cor era essencial, não negociável. Permitia que eu me sentisse cuidada e competente, com tudo em cima.

Multiplique-me por milhões de mulheres — inclusive muitas, é verdade, que gastam apenas centenas por ano, comparadas aos meus diversos milhares, mas também incluindo outras que gastam muito mais —, e a gente pode ver por que a tintura de cabelo é um negócio tão importante. O cuidado com os cabelos é o segmento que mais cresceu no mercado de cuidados pessoais durante a década de 1990, crescimento alavancado em grande parte pela população de meia-idade nascida na década de 1950.

E cor de cabelo é um estonteante negócio cheio de falsidades. Só como prova, aqui estão as cores — quer dizer, *algumas* das cores — vendidas apenas por uma companhia, a L'Oréal: Mel Sublime, Vermelho Absoluto, Mel Tabaco, Vermelho Ardente, Acaju Borgonha, Cobre Escuro, Marrom Acaju, Louro Cendré, Acaju Luminoso, Louro Sueco, Vermelho Proibido, Chocolate Cherry, Brown Sugar, Preto Ônix, Chocolate Dourado, Castanho Escuro Ametista, Preto Safira, Marrom Dourado, Louro Muito Muito Claro Acinzentado e Macadâmia (*Macadâmia?*). Juro que não consigo imaginar por que *qualquer pessoa* iria querer que seu cabelo se parecesse com macadâmia. Em lugar algum entre elas estão, digamos "Granito radiante", "Aço prateado" e "Geleira alpina". Fantasias românticas com cabelos grisalhos e brancos não são encorajadas — há dinheiro demais envolvido nisso.

As raízes estão aparecendo!
Meu ano de cabelo ruim

Eu tomara a decisão de deixar o cabelo ficar grisalho, mas isso não queria dizer que eu fosse corajosa o suficiente para simplesmente parar de tingir e ficar com síndrome de abstinência. Eu observara minha boa amiga, a romancista Susanna Moore, fazer exatamente isso. Ela deixou de tingir o cabelo castanho-escuro quando isso passou a ser mais controverso do que valia a pena. Susanna, com quase um metro e oitenta de altura, ex-modelo e atriz ocasional, tinha um estilo bastante individualista, quase teatral. Num dia que sua aparência parece estar péssima, todo mundo olha quando ela entra num restaurante ou caminha pela rua. Tem um tipo de presença que eu adoraria possuir, mas que em um milhão de anos jamais conseguiria atingir. Em vez de cortar o cabelo longo para minimizar a feiúra das raízes que crescem, Susanna resolveu amplificar sua fase de transição com um gesto flamejante, acrescentando uma dramática faixa preta ao estilo de uma Susan Sontag[*] ao contrário no cabelo em processo de embranquecimento. Ela executava um truque de mágico ao chamar a atenção para sua chocante faixa preta e desviar os olhos das raízes. Era um golpe de valentia bastante bem-sucedido. Imagine uma linda, excêntrica Cruela Cruel.

Gosto de pensar que tenho um estilo pessoal bastante distinto, mas nada parecido com o da Susanna. Com um metro e sessenta, acho que minha aparência tende para o discretamente severo — cortes de roupa tradicionais, *nunca* um decote profundo ou um babado, o mínimo de jóias, poucos adornos. Mais Audrey Hepburn que Audrey Tatou. Mais arquiteta que artista. Meu único desvio da austeridade tem sido o uso criativo de cores no cabelo.

Observar Susanna deixar o cabelo ficar grisalho de um modo tão visível me ajudou a pensar sobre como eu realmente queria me *sentir* enquanto o cabelo crescia. E pensar a esse respeito me obrigou a reconhecer que, ao mesmo tempo que estava feliz por abandonar a cor artificial, eu queria que a transição fosse o mais invisível possível. Dei-me conta de que não me sentia à vontade ao chamar muita atenção para minha pessoa, e nunca me sentira. Jamais pensei em minha aparência como algo além do normal, baseando minha auto-estima, em vez disso, em minha competência ou no humor. Mas, ao mesmo tempo, como a maioria de nós, queria que as outras pessoas me achassem fisicamente atraente. Sabia que ter uma gigantesca faixa branca de maritaca ao longo do crânio enquanto o cabelo crescia não iria me fazer muito bem. Eu era mais tímida que isso. Uma vez que sempre fui identificada pelo cabelo comprido, eu era vaidosa o suficiente para me recusar a cortá-lo. Então havia um problema. Como uma pessoa tímida, mas no entanto preocupada com sua aparência, lida

---

[*] Susan Sontag, escritora, crítica de arte e ativista americana (1933-2004), tinha uma mecha de cabelos brancos bem característica. (N. E.)

com o processo de deixar o tingimento escuro sair? Fora Susanna, eu não observara mais ninguém fazendo isso.

Trabalhei com a minha colorista, Inge Pumberger, para administrar a transição. Em minha idéia otimista, eu achara que poderia apenas ir retirando a cor. Inge me convenceu de que essa retirada seria um desastre, praticamente impossível — cada centímetro do meu cabelo tinha absorvido graus diferentes de tintura cada vez que eu fizera o tingimento pelo processo único, de modo que o resultado final da retirada teria sido um efeito horrível, listas horizontais que me fariam parecer um ouriço-cacheiro. Então, para minimizar a faixa cada vez mais larga de cabelo grisalho que crescia junto a meu couro cabeludo, Inge introduziu realces louros que se misturaram com as raízes grisalhas à medida que elas cresciam. E depois ela usou um tonalizante sobre a coisa toda para borrar ainda mais as beiradas entre os brancos e os louros. Comecei a me dar conta plenamente da complicação que era ficar grisalha.

Eu não tinha tanta certeza quanto a essa estratégia de transição — achei que parecia que eu estava querendo ficar loura, e não grisalha, mas confiei em que a Inge soubesse o que fazia. Eu fora viciada em cor durante um quarto de século, e se precisava uma versão colorista de Nicotin ou metadona para ajudar a me liberar, que assim fosse.

Como uma das minhas estratégias "conte ao maior número de pessoas que puder para não voltar atrás" ofereci-me para escrever a respeito de minha experiência para a revista *More* e para ser fotografada durante os diversos estágios de descolorização. Ao fazer a proposta, imaginara fotógrafos e estilistas me papariando, tratando-me como um "talento". Eu realmente fantasiara que poderia ser "descoberta" com essa brincadeira; está bem, eu estava muito velha e era do sexo errado para me tornar uma Beatle tardia, mas talvez eu conseguisse um emprego como modelo de cabelos brancos em publicidades de cruzeiros de navios ou de posse compartilhada de jatos... Na verdade, a primeira tomada, quando meu cabelo não tinha raízes discerníveis, foi relativamente divertida.

A segunda tomada mostrou-se menos engraçada. A fantasia antecipatória de modelo evaporara. Minhas raízes brancas estavam visíveis em torno das orelhas e por baixo da camada superior do cabelo. Isso impunha um sério desafio para a artista da maquiagem — uma modelo etíope com vinte e alguns anos, com um metro e 88 e na verdade ex-modelo de moda —, que resolveu que o melhor jeito de revelar para a câmara o grisalho mínimo que eu tinha era alisar meu cabelo para trás com um grude pesado com cheiro de graxa de sapato. Detestei meu cabelo pegajoso, mas me senti muito insegura para sugerir que pudéssemos tentar outra coisa. Meu cabelo impregnado fez com que eu ficasse parecendo uma vistosa modelo "antes" em algum comercial, durante a madrugada.

Nunca usei muita maquiagem. Tive uma maquiadora profissional uma vez, para uma foto da empresa, nos anos 1990, e não tinha gostado muito da experiência — a base, máscara pesada, combinadas ao meu cabelo tingido, tinha me feito parecer assustadora, como uma jovem Donatella Versace. Com a melhor das intenções, minha maquiadora da *More* repetiu a experiência para mim. A assistente, mulher do fotógrafo, era uma ex-modelo com um metro e oitenta de altura igualmente intimidadora — chique, magra e com 29 anos. (Humm, nota para a revista: usar ex-modelos ao fotografar mulheres "reais" é garantia de uma ansiosa experiência de aversão a si mesma para a mulher em questão.) Por sorte, Hazel Hammond, a editora de fotografia da *More,* tinha 51 anos e estava também em processo de deixar o cabelo grisalho, de modo que nos sentimos imediatamente unidas — mas, como todas as mulheres ao meu redor, naquele dia, era muito alta, magra e estilosa. Com um metro e sessenta, e perto de 59 quilos, eu me sentia feito um duende. Estava ofuscada pelo modo como a experiência me fizera sentir desconfortável. À medida que comecei a mergulhar na autenticidade, me vi profissionalmente pintada — e me senti autêntica apenas em meu abatimento.

Hazel me vestiu com uma suéter turquesa de decote rente ao pescoço, e como eu estava sendo fotografada só da cintura para cima, eu usava minha velha Levi's *baggy*. Ao sentar-me para o primeiro retrato, senti o pneu de sete quilos na cintura decair por cima da cintura do jeans, e quando tentava encolher a barriga, mal ousando respirar, meus ombros caíam, e a suéter justa se tornava um envoltório de salsicha em torno de cada gordura e flacidez do meu corpo. Teria havido um modelo de fotografia com aparência mais desconfortável na história da revista?

Pior dano à minha psique estava por vir. Eu não precisara de óculos até os quarenta anos, e nunca me acostumei a eles, usando-os apenas para dirigir e assistir filmes. Até a tomada da fotografia, eu não entendia que aquele rosto sem rugas que eu via ao me olhar no espelho sem óculos não era como eu me apresentava para todos os demais: minha visão um tanto defeituosa naturalmente apagava manchas, papos e rugas.

Quando Chris Fanning, o jovem fotógrafo um tanto vulgar (que eu imaginei passar o resto de seu tempo fotografando modelos de maiô para o *Sports Illustrated* em Fiji, e não donas-de-casa de meia-idade no Brooklyn), me entregou os testes em Polaroid para eu ver como estava, quase explodi em lágrimas. As fotos mostravam um rosto de meia-idade enrugado, com manchas de idade, coberto com a penugem não muito fina da perimenopausa. Meu novo cabelo grisalho seria apenas *um* cartão de visitas altamente visível anunciando minha derrocada! Cada coisa em mim era velha, não-sexy.

Quando a charmosa maquiadora que inocentemente tentava acalmar minha evidente ansiedade, começou a falar de seus pêlos pubianos grisalhos, eu só queria fechar bem os olhos e fazer todo mundo sumir. Era tudo absurdo demais, e vaidoso, trivial e desencorajador. Rodeada por todas aquelas mulheres muito jovens, lindas, e o belo fotógrafo, naquele dia eu *conheci* o sentimento de velhice.

A luta para conciliar meu entusiasmo pelo *princípio* de me tornar minha eu autêntica com a triste realidade das minhas raízes brancas cada vez mais longas ficou árdua. O tonalizante que minha colorista escolheu para combinar a transição da raiz tornou meu cabelo meio alaranjado, mais para gato Garfield do que para Sarah Jessica Parker. O auto-encorajamento promocional não ajudou em nada para lidar com o modo como meu cabelo estava horrível. No primeiro minuto de encontros sociais, desenvolvi um tipo de tique parecido com síndrome de Tourette, falando sobre minha "experiência" antes que alguém pudesse fazer comentários. Eu não estava apenas parecendo mais velha, mas parecia também um tanto aloprada.

A fotografia na minha carteira de motorista tem quase dez anos e me apresenta com compridos cabelos castanhos. Desde 2001, antes de eu até mesmo começar a ficar grisalha, sempre que passava pelos agentes de segurança em aeroportos me sentia compelida a fazer algum comentário jocoso sobre como eu estava diferente da fotografia na carteira de identidade. Ao voltar de uma viagem a Washington, DC, no início do ano passado, exigiram que eu mostrasse ao funcionário da Amtrak uma identificação com foto para comprar a passagem. E pela primeira vez, desde que comecei a deixar o cabelo ficar grisalho, dei-me conta de que minha imagem de identificação oficial agora verdadeiramente não se parecia nada comigo. Quando mostrei minha carteira de motorista à mulher da Amtrak, ela olhou para a carteira, depois olhou de novo para mim, depois olhou outra vez para a carteira. Eu sabia que tinha a aparência de uma terrorista, mas não dispunha de nenhuma gracinha pronta, de modo que, sem jeito, contei a verdade plena: "Sei que não estou mais muito parecida com minha foto — eu parei de pintar o cabelo". Eu estava totalmente constrangida pela diferença em minha aparência, como se estivesse usando uma identidade falsa.

Ela sorriu e sacudiu a cabeça quando gaguejei minha confissão sobre a cor do cabelo. "Meu amor", disse ela, "Eu *nunca* vou deixar de pintar o cabelo." A funcionária era uma mulher grande, afro-descendente, com uma faixa roxa-néon varrendo sua têmpora direita. Perguntei por que ela se dedicava tanto a pintar o cabelo.

"Olhe, sou gorda, e, com essa faixa roxa, as pessoas olham para o meu cabelo, e não para o meu corpo. Além disso, tenho um marido mais moço." *Aha!*

"Posso perguntar que idade você tem?"

"Quarenta e dois", disse ela.

"E qual é a idade do seu marido?"

"Vinte e nove."

Eu tinha ido a Washington para uma reunião de meu clube do livro (estávamos lendo The March de E. L. Doctorow, resolvi visitar Gettysbury como pesquisa de campo), e aproveitei a oportunidade para entrevistar cabeleireiros no George's Four Seasons, um dos salões que cuidam das personalidades de noticiários e políticos em DC.

"Sobre a maior parte das mulheres", me disse o filho do dono e colega, Sertac Ozturk, "dá pra dizer quando elas acham que têm melhor aparência. Em geral é com trinta e tantos anos — nada mudou para elas até então, nem a cor do cabelo, nem o corte, nem as roupas." Minha imagem na carteira de motorista, congelada no tempo, era um lembrete de como até há muito pouco tempo eu tinha sido semelhante às mulheres que ele estava descrevendo.

Em torno da mesma época, durante os primeiros meses depois de eu parar de tingir, quando senti que meu cabelo estava particularmente horroroso, tive um almoço com um amigo de cinqüenta e alguns anos a quem não via há algum tempo — e ele me disse que eu estava parecendo uma estrela de cinema. Impossível vencer esse *feedback*, mas aí, outra vez, por causa do tonalizante — eu na verdade estava meio loura-cinza na época, de modo que não tenho certeza do que ele realmente comentava. Mas me deu um precioso vislumbre de esperança em pensar que meu cabelo grisalho ainda podia ser atraente para os homens, pelo menos para homens de uma certa idade.

Dias mais tarde, na ginástica, fiquei chocada ao descobrir que uma de minhas modelos, uma treinadora esbelta, com trinta e alguns anos e que tinha os cabelos grisalhos, os tingira de castanho-chocolate escuro. Logo que resolvi ficar grisalha, achei seu longo cabelo prateado inspirador, mas nunca o discutira com ela. Agora perguntei-lhe a respeito. Ela me disse que começara a ficar grisalha com dezessete anos e tingira o cabelo por diversão, para brincar com sua imagem, aos vinte anos, mas aos 27 resolvera adotar o grisalho. "Foi uma experiência maravilhosa. Eu chamava os cabelos brancos de 'minha sabedoria'. As pessoas sempre me cumprimentavam quanto à cor — achavam que eu *tingia* de grisalho exatamente porque tinha a aparência jovem."

Então ... porque o retrocesso *agora*?

"Cansei de parecer velha", disse ela encolhendo os ombros.

Diabos! Se alguém de aparência fabulosa tinha estado tão comprometida com seu cabelo grisalho, e não conseguia mais continuar com ele, que chances tinha eu?

Tive mais *feedback* negativos em uma reunião, quando uma amiga de trinta e alguns anos comentou: "Ó, que maravilha — você está ficando grisalha exatamente como um homem!". Comecei a imaginar que as mulheres que me diziam gostar porque o cabelo mais claro acentuava meus olhos azuis na realidade, nas minhas costas, estavam dizendo que eu parecia velha. A paranóia começou a se retroalimentar.

Fiquei ainda mais desanimada por uma experiência que tive com uma amiga, famosa empresária e escritora que mora em Manhattan, de cerca de 65 anos, profundamente ajuizada e autêntica. No início do meu processo, ela disse que, inspirada pelo meu exemplo, planejava deixar seu cabelo, artificialmente marrom escuro, também ficar grisalho. Que apoio maravilhoso num momento tão crucial! Quando ela me confessou, uns dois meses depois, que seu marido, liberal e grisalho, e as filhas adultas tinham argumentado contra com convicção, e que ela dera para trás, resolvendo não fazer a transição por enquanto, tive uma experiência de primeira mão de como era difícil para as mulheres resistirem ao vitorioso movimento antigrisalho.

Depois de três meses em processo, quando meu cabelo estava claramente se tornando a mistura de um mínimo de branco e principalmente grisalho cor de aço, não havia dúvidas na minha cabeça de que eu parecia mesmo mais velha. Dei-me conta de que, quando começara, eu esperava que meu cabelo ficasse branco reluzente de imediato, e não o efeito sal-e-pimenta que na verdade aparecia. O branco, para mim, era limpo, fresco e lindo; o grisalho, como dias chuvosos, névoa e roupa suja, era triste, punha para baixo. O branco era uma cor que as mulheres aos cinquenta anos em geral não têm, de modo que teria parecido quase como um tingimento, em vez da minha cor natural. O grisalho era o meio do caminho, nem lá nem cá.

Perguntei à minha filha Kate como ela achava que eu estava indo. "Bem", disse ela. Não, *de verdade*, insisti. "Bem, com as partes alouradas misturadas ao grisalho, parece meio com ..." *O quê?* "Dentes amarelos?" A*h, meu Deus. Dentes amarelos?*

Uma noite meu marido, eu e Lucy, de dezesseis anos, estávamos atrasados para um jantar em um restaurante em Greenwich Village. Eles saíram primeiro, e eu fui estacionar o carro. Quando cheguei à mesa, os dois davam risadinhas sobre o que acabara de acontecer. A reserva tinha sido feita para dois, e o *maître*, evidentemente, achou que Kurt, não-grisalho, tinha saído com a jovem namoradinha loura, e o garçom tinha até oferecido a Lucy um copo de vinho. Eles pediram uma terceira cadeira. "Para a mãe da minha amiga, que estará se juntando a nós", brincou Kurt com o garçom. Ha, ha, ha.

"Que sou *diferente*", respondeu, e eu certamente sabia o que ela estava querendo dizer — Ellen está bem de vida e mora no Upper East Side de Manhattan. "Dá uma sensação de liberdade. Tem a ver com gostar de mim por mim mesma." Ela parafraseou a idéia de Freud sobre id, ego e superego, dizendo que nós todos temos três faces: a que realmente somos (nosso id), a que pensamos aparentar (ego) e a que pensamos que os outros acham que aparentamos (superego). Para a Ellen, viver de modo autêntico é a tentativa de existir o mínimo possível no reino em que ficamos preocupados com o que pensamos que os outros acham de nós.

Não muito depois desse almoço com Ellen, vi-me *excessivamente* preocupada com o que os outros achavam de mim. Meu senso de auto-estima físico e intelectual foi posto na linha quando meu marido e eu íamos comparecer a um jantar com cerca de cem pessoas ilustres. Na tarde do jantar, minha filha mais velha e eu, numa saída de conluio adolescente-mamãe, fomos juntas a um cinema. Na volta, eu resmungava sobre o quanto detestava meu cabelo e como o corte atual parecia fazer a cor intermediária ainda pior. "Mãe", disse Kate, "é simples — posso dar um jeito nisso." No espírito de esperança e confiança, e com um sentimento de que minha filha de quase dezoito anos estava à altura do desafio, resolvi deixá-la aparar meu cabelo. Foi tudo maravilhoso no começo, e eu tive uma das melhores experiências "só para meninas" com ela.

Assim que olhei o trabalho no espelho, porém, ficou claro para mim que há um motivo para pagarmos cabeleireiros profissionais. (Joe, espero que você não esteja lendo isso!) É difícil, realmente difícil, cortar cabelo bem. Com a melhor das intenções, minha filha conseguiu criar um enorme entalhe na parte de trás de minha cabeça.

Não era bem um corte doido como o de Eduardo Mãos-de-Tesoura, mas estava definitivamente esquisito. E eu *tinha* de ir a uma noitada num elegante *loft* no So-Ho reunida em torno de um tema sério, tipo mudar o mundo.

Fui para a festa em que conhecia exatamente uma pessoa, fora o meu marido, e na minha imaginação, parecendo com a tia Clara da *Feiticeira*. Tentei ficar de costas para a parede e devo ter parecido desajeitadamente anti-social durante o coquetel. Uma vez que nos sentamos para o jantar, em uma única mesa comprida, quando minha nuca já não estava mais visível, relaxei — durante pouco tempo.

Aí, para meu horror, a anfitriã pediu a cada um de nós que contasse ao grupo o que mais nos apaixonava no momento. Entrei em pânico quando os outros começaram a falar — graças a Deus eu estava na extremidade mais distante da mesa em relação ao ponto por onde começaram! A primeira foi Jacqueline Novogratz, a principal executiva do Acumen Fund, uma organização global cujo objetivo é resolver os problemas da pobreza. Jacqueline falou apaixonada e articuladamente a respeito de um projeto que o Acumen tinha desenvolvido para trazer água limpa às aldeias na África e na Índia. O segundo foi Noah Feldman, o co-diretor do Centro de Direito e Segurança da New York University. Eu conhecia o livro de Feldman, *After Jihad: América and the Struggle for Islamic Democracy* (Depois da jihad: a América e o esforço pela democracia islâmica), e estava encantada com a oportunidade de ouvir alguém que entendia do assunto falar sobre a situação no Iraque. Meu marido, maldito seja, conseguiu falar a respeito das revoluções sociais e culturais de 1848 (assunto do romance que estava escrevendo no momento). Majora Carter, a ativista urbana e ganhadora "genial" da bolsa MacArthur de 2005, descreveu o trabalho que sua organização, Sustainable South Bronx, tinha iniciado a fim de levar o desenvolvimento sustentável para a parte pobre da cidade. Seu entusiasmo e sua visão eram fascinantes. Brian Greene, da Universidade de Columbia, o principal formulador da teoria das supercordas, me absorveu com sua discussão a respeito das fronteiras da física. Outro gênio MacArthur, a atriz, dramaturga e primeira artista residente na Ford Foundation, Anna Deavere Smith, praticamente me levou às lágrimas ao descrever seu trabalho sobre uma nova peça, o monólogo de uma personagem feminina, a respeito da morte, que vinha pesquisando. E daí por diante. Tive muita sorte por não ter sido convidada a uma reunião na qual a pergunta-chave poderia muito bem ter sido: "Se você pudesse convidar qualquer pessoa no mundo para um jantar, quem você convidaria?".

E então, ó, Deus, chegou minha vez. Eu, a *única* "ninguém" na mesa, com meu estranho corte de cabelo, a convidada que se comportava de modo um tanto furtivo, me encontrava aterrada com minhas pesquisas bobas, autocentradas, sobre envelhecimento e vaidade. Temia que elas fossem parecer profundamente desimportantes, ridículas. Quero dizer, de verdade. Eu não estava equacionando a pobreza internacional nem mudando o modo pelo qual vemos o mundo.

Não tinha outra escolha senão falar, e sou bastante insegura ao falar em público nas melhores circunstâncias, imagine meu medo de falar depois de pessoas tão bem-sucedidas! Mergulhei fundo e comecei a descrever minha experiência de "cientista social amadora" em ficar grisalha. E, para meu espanto, *como uma bênção,* quase todos se envolveram no tema. Talvez simplesmente fossem educados demais para não demonstrarem desinteresse. Mas, depois do jantar, três pessoas aproximaram-se de mim para falar mais sobre o assunto com um entusiasmo genuíno.

Diversas revelações emergiram dessa experiência. Primeira, meu corte excêntrico provou que ninguém na verdade se importa o mínimo com a aparência do cabelo dos outros. Segunda, e apenas um pouco contraditória, até as pessoas mais realizadas, mais sérias no planeta se preocupam com o envelhecimento e com sua aparência. E, por último, há um monte de gente brilhante que *está* tangivelmente tornando o mundo melhor. Fui para casa inspirada.

De algum modo, deixar meu cabelo ficar grisalho foi um pouco como um curso intensivo tipo "cinco dias da semana no divã do terapeuta", mas sem psicanalista para me orientar. Em agosto, na metade da fase de crescimento, a família inteira foi a Los Angeles a fim de procurar faculdades para Kate. Descobri que não conseguia ir nadar no chique hotel no Sunset Boulevard em que estávamos hospedados — o Chateau Marmont. Para mim, era intimidador demais aparecer de maiô e ter cabelos grisalhos em Los Angeles, terra dos eternamente jovens, sarados e louros. Não há dúvida de que eu seria a *única* pessoa na piscina do Chateau Marmont — e talvez num raio de oitenta quilômetros — com cabelo grisalho e pele monstruosamente branca, não bronzeada. Mais tarde, em uma reunião, conheci uma mulher recém-divorciada de Malibu que me confessou que tinha na verdade resistido às convenções e começou a ficar grisalha entre vinte e trinta anos. Ela confiou-me que depois do divórcio teve de tingir o cabelo. Motivo? Simples. "Estamos em Los Angeles."

Durante esse período de cabelo feio eu queria gritar: "*Ei, todo mundo, não sou nada diferente do que era seis meses atrás — foi só a cor do meu cabelo que mudou*". Se cabelo branco fosse alguma coisa que alguém *famoso* tivesse, fora as atrizes britânicas, Storm, nos filmes de *X-Men*, e Meryl Streep em *O diabo veste Prada*, então eu não me sentiria tão estranha — seria apenas mais uma cor de cabelo para se experimentar e com a qual conviver. Mas na Southern Califórnia, não vi sequer uma mulher de cabelos grisalhos durante toda minha estada. Parece que quase todo mundo que pode se dar ao luxo *realmente está* absolutamente, profissionalmente, indesculpavelmente comprometido com a juventude artificial — estereótipos e clichês podem ser verdadeiros, não podem? Senti minha confiança vacilar outra vez.

Senti-me realmente deprimida. E não é que não tivesse tido de enfrentar paradas duras antes. Sabia como seria duro fazer uma mudança real na vida. Em 1993, depois de dois anos desafiadores ao extremo — meus pais e minha última avó morreram, minhas filhas tinham três e cinco anos de idade, eu tinha meu grande emprego na Nickeleodeon, meu marido estava editando uma revista semanal —, dei-me conta de que eu estava bebendo demais. Não estava bebendo num nível de me internar num centro de reabilitação — sempre realizava o que tinha de fazer. Mas de um jeito que me embotava num grau que parecia contraproducente e fazia com que eu não apreciasse direito as boas coisas da minha vida. Sentia-me sem controle. Por meio de um programa de recuperação montado por mim mesma, de força de vontade, ioga, acupuntura e meditação, parei de beber. (Durante sete anos. Hoje em dia eu me permito beber socialmente, de forma bem moderada, talvez uma vez por semana.)

Embora a escolha de tingir ou não meu cabelo tivesse uma ordem de grandeza *muito* diferente na escala de importância de fazer apodrecer meu fígado ou degradar meu relacionamento com as pessoas de quem gosto, percebi que largar a bebida e largar a cor do cabelo seguiam caminhos estranhamente semelhantes: os dois exigiam que eu encarasse medos e ansiedades pouco conscientes, abrisse mão de muletas fáceis e nada desagradáveis, reprogramasse hábitos, ajustasse-me a uma nova identidade social e não desse bola para a pressão social. Os dois caminhos obrigaram-me a passar um tempo pensando com seriedade sobre como eu queria levar a minha vida. Se eu queria ser sincera comigo mesma, exatamente que "eu" seria esta? Largar o tingimento do cabelo era um ato muito mais público e provocou instropecção igualmente intensa. Não era mais difícil que abrir mão do vinho, mas, contra qualquer intuição, era muito mais assustador.

Felizmente, durante essa época mais desencorajadora, conheci Ann La Farge, uma crítica literária de 73 anos e ex-editora. Numa tarde, durante o chá, ela descreveu seu momento *aha!* de clareza, quando resolveu parar de tingir o cabelo. Na qüinquagésima reunião da faculdade, dois anos antes, ela notara que metade das presentes estavam "arrumadas", e a outra metade vestia-se de modo confortável. Deu-se conta de que as que estavam vestidas de modo confortável eram também quase todas as que não pintavam o cabelo — e que pareciam estar se divertindo muitíssimo mais que as outras mulheres. De imediato ela percebeu que preferia muito mais estar na metade "divertida". Parou de tingir o cabelo.

"No princípio, não tinha certeza se ia ficar com ele desse jeito. Mas depois que meu cabelo cresceu, meu cabeleireiro me disse que o adorava. E quando eu contei a *ele* que meus amigos achavam que eu estava parecendo mais velha, um homem de seus sessenta anos levantou-se da cadeira dele no salão e declarou: "Prazer, Mike Bloomberg — e eu acho que você está maravilhosa". Bloomberg, é claro, é o prefeito da cidade de Nova York. La Farge prosseguiu me contando a respeito de uma amiga sulista que fizera um sermão para Ann a respeito de sua decisão de ficar grisalha. A mulher bem intencionada insistiu para que ela continuasse tingindo em termos incertos. "Todo mundo quer parecer bem, Ann. Eu quero ter a melhor aparência possível. Por que você está se *largando?*"

Essa conversa me levou a pensar outra vez em como preferir não tingir o próprio cabelo — e, cada vez mais, não fazer uma cirurgia plástica — se tornou sinônimo de "se largar". Ann La Farge é o oposto de uma pessoa que tenha desistido ou deixado de se importar — ela é esbelta, cheia de vida, estourando de humor e calor, uma mulher em seu auge.

Minha família e eu passamos a última semana daquele "verão do meu agrisalhamento" no ponto geográfico mais distante de Los Angeles que se pode estar nos Estados Unidos, em Martha's Vineyard, Massachusetts. Os habitantes arquetípicos de Los Angeles e Martha's Vineyard compartilham de valores políticos liberais e culturais, é claro. Pessoas como Bill e Hillary Clinton e até alguns tipos de Hollywood gastam um bocado de tempo nos dois lugares. Mas há diferenças gritantes — na Vineyard, o número de mulheres com mais de cinqüenta anos que não pinta o cabelo é maior do que as que pintam. Embora a maioria das pessoas na ilha, em agosto, more em algum outro lugar o tempo inteiro, o sentimento dominante na Vineyard é que se preocupar demais com seu eu externo, físico, é raso, quase pecaminoso. Parece que os fundadores puritanos de Massachusetts ainda dão o tom ao *ethos* "Volvo-ificado" do local.

Durante uma caminhada pela praia em que estávamos, fiz um recenseamento. Mais de seis em cada dez mulheres mais velhas tinham cabelos grisalhos — aproximadamente o exato oposto da fração nacional de mulheres que tingem o cabelo. E então vi uma mulher, na pequena seção de nudistas da praia, fácil, fácil, de uns 65 anos, com uma esvoaçante crina de puro cabelo branco contra seu bronzeado quase tropical, escuro, da velha escola. Ela estava tão parecida com uma Vênus de Botticelli da vida real quanto eu jamais vira.

A beleza dela me deixou sem fôlego, e praticamente corri para agarrar meu marido a fim de que ele pudesse vê-la. "Você está sugerindo um *ménage à trois?*", brincou ele. Infelizmente, antes que conseguíssemos chegar ao lugar em que a mulher estava, ela já tinha pegado suas coisas e ido embora. Comparei seus seios, mais para pequenos, naturalmente envelhecidos, e o cabelo branco, com os peitos acentuados pneumaticamente e o cabelo louro que eu vira nas mulheres ao lado da piscina, no Chateau, em Los Angeles — e, para mim, não havia comparação. Ela irradiava uma beleza saudável.

Essa nudista anônima logo se tornou um de meus modelos de atração e beleza. Tenho bastante certeza de que eu jamais teria a coragem de ficar nua em público — honestidade e autenticidade têm seus limites —, mas cabelo grisalho, isso eu posso.

Pouco depois da viagem a Martha's Vineyard, conheci Carmen Dell'Orefice. Carmen é hoje a única modelo conhecida com cabelos brancos. Sua primeira foto de capa para a *Vogue* foi em 1947, com a idade de dezesseis anos. Parou de tingir o cabelo em 1973, aos 42 anos de idade. "Meu terceiro e último marido uma noite virou-se para mim na cama. Achei que ele ia acariciar meu rosto — mas, em vez disso, arrancou um cabelo branco! Guardei o cabelo e livrei-me do marido."

Carmen parece ser sabida. "A única mentira que é uma tragédia", disse-me ela, "é a mentira a si mesma. Custou-me metade da minha vida para começar a me conhecer, e a segunda metade para ser fiel ao que sei sobre mim mesma — que eu sou autenticamente pirada." Carmen me abalou com sua energia e alegria de viver. No dia em que ela falou, estava vestida de jeans, uma imaculada blusa branca, pouca maquiagem, e tinha o cabelo branco puxado para trás e preso num rabo-de-cavalo. Carmen se tornou outro ideal talismânico — se apenas eu pudesse ter metade da consciência de si mesma que ela tem aos 76 anos, eu seria uma mulher feliz.

No final do verão, dez meses depois de largar a tintura, já estava até ficando mais animada com meu cabelo grisalho, mas eu estava apenas *ficando* grisalha, e meu estilista, Joe, resolveu que eu deveria também deixar crescer e tirar a franja, que eu usava desde a adolescência. Ele sugeriu que eu teria uma aparência mais charmosa sem ela, e charme é o que eu queria para atenuar a feiúra do grisalho. Mas a desaparição da franja também acrescentou um outro nível inteiramente diferente de ódio ao cabelo de minha vida. Em casa, acabei prendendo para trás o novo cabelo comprido com grampos, o que enfatizou ainda mais os grisalhos e me fez parecer ter mais doze anos, indo para os sessenta. As pontas processadas eram tão diferentes do cabelo macio que crescia grisalho que finalmente não consegui suportá-las mais. Resolvi que estava na hora de adotar medidas mais drásticas e cortar fora sérios centímetros. Deveria ter feito isso desde o início, mas não tinha certeza de que poderia odiar *tanto* minha cor radical *quanto* meu novo corte radical.

Eu cortara meu cabelo curto duas vezes na vida. A primeira vez foi quando tinha uns trinta anos, no início do meu casamento, e provocara uma reação pouco entusiasmada do meu marido. (Até hoje ele insiste que "parece com uma jogadora de golfe" não é um código para "não muito sexy", e até hoje eu não acredito.) Na segunda vez, eu tinha 37 anos. Como mencionei antes, no espaço de seis meses, meu pai, mãe e a última avó sobrevivente, a mãe de minha mãe, morreram. Minha mãe e a mãe dela num intervalo de 24 horas. Foi de derrubar. Em algum ritual inventado, incutido por meus frouxos estudos de tradições asiáticas e dos índios norte-americanos, resolvi homenagear as mortes em minha família cortando o cabelo. Eu precisava realmente parecer diferente — pelo menos por um tempo — porque minha vida estava diferente, um tipo de diferença que minha velha e confiável ferramenta que fazia uma mudança artística da cor do cabelo não poderia consertar.

Depois dessas experiências de curto prazo e cabelo curto, fiquei contente em descobrir que, *desta vez*, no século XXI, eu gostava do meu cabelo grisalho mais curto. Senti-me esbelta, leve e sofisticada, e refletia o modo como estava começando a me sentir a esse respeito — desimpedida e otimista.

Afinal, o *feedback* começou a se tornar mais uniformemente positivo.

Meu marido declarou adorar o novo estilo (com exceção de quando eu prendia a franja com grampos ou o cabelo atrás das orelhas).

Um dia, na aula de ioga, uma mulher com quem nunca tinha conversado arrumou a esteira dela na frente da minha, virou-se e disse: "Seu cabelo está fantástico. Tenho observado a mudança dele durante os últimos meses, e você me deu coragem para pensar em parar de tingir meu cabelo". Ganhei o dia. Então, enquanto eu esperava para encontrar com uma de minhas filhas do lado de fora de um cinema, um cara de uns vinte e qualquer coisa anos de idade parou diretamente à minha frente e disse: "Ei, linda, o que você está fazendo aqui sozinha?". Como todas as mulheres que recebem atenções não solicitadas, mas mesmo assim não de todo despidas de lisonja, dei-lhe um sorriso de dispensa, enquanto ele continuava a caminhada. Era um cara bem pouco atraente, mas tinha de passagem atingido a velha *eu*. *Nada mal*, pensei. Até o marido da minha vizinha loura-tingida me disse como gostava do meu cabelo.

Além disso, *adorei* não ser obrigada a ir ao salão a cada duas semanas. Calculei: cinqüenta a sessenta horas a mais por ano para ler, ver filmes e peças de teatro, cuidar do jardim e andar de bicicleta, ou sentar e conversar com as pessoas de quem gosto. E mil dólares no bolso.

Minha mãe, eu mesma, minhas filhas — como escolhemos nossa aparência

A MAIOR PARTE DAS MULHERES com quem conversei para escrever este livro admitiu que sua principal ansiedade a respeito de deixar o cabelo ficar grisalho não era medo da velocidade com que estariam chegando à data atuarial de sua morte —, era mais o medo de que instantaneamente fossem vistas como velhas senhoras avós e assexuadas. O modo como nos classificamos nos departamentos de aparência e sexualidade tende a se enraizar com firmeza por volta da puberdade, então foi dali que parti para lançar um olhar introspectivo.

Quando crianças, minha irmã e eu tínhamos, por exigência de minha mãe, de nos vestir exatamente iguais, até a adolescência. Era estranho. Tenho uma fotografia em preto-e-branco de minha irmã e eu quando tínhamos cerca de sete e dez anos; é estranho, mas estamos de costas para a câmara, as duas com nossos trajes de Páscoa idênticos — marias-chiquinhas louras lisas caindo pelas costas, casacos azul-marinho, chapéus brancos estilo *Madeline* com fitas entre tranças, luvas brancas, meias soquetes brancas e sapatos "boneca" pretos. Parece algum tipo de imagem fantasmagórica de Diane Arbus.* Para mim agora ficou claro que a *aparência* de minha irmã e a minha, mais ainda do que nosso comportamento, era importante para a identidade social de minha mãe, uma pessoa de classe média aspirando a chegar à classe alta em Kansas City.

Quando criança internalizei essa idéia de que a aparência era primordial — e especificamente, um cabelo perfeito numa certa apresentação elaborada de *country club* do Meio-Oeste. Minha mãe continuou tentando manter o controle do estilo de vida até depois de eu me casar, insistindo numa renovação no guarda-roupa do meu marido, cujos cinzas, pretos, azul-marinhos e caquis ela achava muito "desmazelados". (Memorando para produtores de TV: podem aproveitar o conceito das reformas da sogra assustadora-engraçada nos *reality shows*.)

Minha mãe era bonita e estava sempre arrumada, tensa, e muito parecida com um tipo de Nancy Reagan, mesmo em casa, até nos fins de semana. Posso contar nos dedos de uma mão o número de vezes que a vi lavar o próprio cabelo, e essas ocasiões eram um último recurso, quando estávamos de férias e ninguém saberia quem ela era. Estranhamente, até mesmo em férias, nunca notei raízes grisalhas — como ela conseguia isso é um completo mistério. Como outras mães da época, que investiam um bocado de energia na manutenção de seus cabelos, quando minha mãe ia "nadar", nas duas vezes que lembro de vê-la em uma piscina, ela nadava de peito, forçando o pescoço para manter o cabelo penteado fora da água. Ela fazia o cabelo pelo menos uma vez por semana, sempre seguindo a moda da época — a aparência bufante dos anos 1960, mudando

---

* Fotógrafa americana (1923-1971), célebre pelos retratos. (N. E.)

para o pajem, mais descontraído dos anos 1980. Para proteger esses penteados dos anos 1960, ela dormia com toucas de flanela muito parecidas com as que nos fazem usar nos hospitais. Como membro daquela primeira geração de mulheres recém-entradas na meia-idade para as quais a Clairol fazia marketing de tintura para cabelo, minha mãe engoliu a idéia inteira, isca, anzol e linha — ela *sempre* tivera o mesmo tom de cor dos cabelos da Elizabeth Taylor ao longo de seus quarenta, cinqüenta e sessenta anos. A mãe dela tingia o cabelo de uma tonalidade castanha-alourada até sua morte, aos 94 anos. Nunca me passou pela cabeça na época perguntar a minha mãe e a minha avó por que elas não tinham cabelos brancos — ou conscientemente sequer pensar nesse assunto.

Então, para mim, em crescimento, cabelo tingido era *sinônimo* de feminilidade, e a aceitação social dependia de não parecer diferente das pessoas ao nosso redor. Foi quase uma catástrofe dupla quando chegou a hora, trinta anos mais tarde, de pensar sobre o que teria significado eu me permitir revelar meu cabelo grisalho natural. Abandonar a cor artificial não era apenas deixar de lado as normas sociais de New York City, mas violar os poderosos arquétipos femininos da minha educação. Quem poderia imaginar — a liberal Nova York contemporânea e a conservadora Kansas City, de uma época anterior, as duas coisas totalmente em sincronia!

Embora eu tenha herdado bastante da natureza tensa de minha mãe, ao contrário dela, eu fui uma mãe irresponsável do ponto de vista das aparências. No momento em que minhas filhas conseguiram abotoar as próprias blusas e amarrar os próprios sapatos, eu as deixei vestir o tipo de roupa que quisessem. Estampas malucas com listas? Claro, por que não? A serviço da conveniência, eu chegava a permitir que as crianças, quando eram pequenas, dormissem com suas roupas da escola para que a rotina matinal ficasse mais fácil. Quem se importa com alguns amassados?

Também era tranqüila quando se tratava de cabelo. Kate, é claro, aplicava suas cores ultrajantes durante a adolescência, e quando Lucy era pequena, o cabelo dela estava sempre despenteado de um jeito charmoso. Na verdade, eu me orgulhava com o fato de que as duas meninas não tinham o cabelo perfeito o tempo todo — para mim, o cabelo não penteado mostrava ao mundo que tinham confiança em si mesmas, e eram espíritos independentes com coisas mais importantes na cabeça. Hoje, depois de chapinhar nas luzes durante um ou dois anos, Lucy tem cabelo naturalmente louro-escuro, comprido, e Kate acrescenta luzes louras em seu cabelo na altura dos ombros.

Lembro-me bem do rito de passagem que toda mãe de meninas experimenta — o momento em que me dei conta de que minhas filhas passaram a ser vistas como seres sexuados. Estávamos caminhando por uma rua ensolarada no SoHo, num dia, no início do verão, as duas meninas em seus trajes boêmio-chique elaborados individualmente, e eu nos meus jeans, casaco "Patagônia" e sapatos "Merrell" de sola de borracha. (Faço aqui uma digressão, mas sapatos confortáveis para mulheres com mais de quarenta têm, mais ou menos como os cabelos grisalhos, um significado de "fora de ação".) Percebi que todos os passantes homens avaliavam minhas filhas de treze e quinze anos, naturalmente louras, e não a mim. Meu cabelo ainda era tingido de castanho, de modo que não era *isso* o que me rebaixava na hierarquia da azaração. Foi um tipo de transição sutil, de relance, mas que eu ouvira de outras mães de meninas — afinal, como notei, os machos da nossa espécie são programados para cobiçar a juventude reprodutora.

Para todas nós, a relação com nossas mães, sogras, irmãos, filhas, maridos, namorados e amigos trazem em si as decisões que tomamos a respeito do estilo de nossa aparência. Meu marido cresceu numa família na qual sua mãe nunca tingiu o cabelo, e as suas duas irmãs têm cabelo grisalho. Conforto com cabelo grisalho era, para mim, ligeiramente uma faca de dois gumes: por um lado, a pessoa a quem realmente importa se sou "sexy" está acostumado com as mulheres de cabelo grisalho, mas são as mulheres por quem ele tem um amor não sexualizado, fraternal ou filial que tinham o cabelo grisalho. E, para misturar um pouco as coisas, agora estou consideravelmente mais grisalha que o meu marido — e eu não quero parecer que sou mais velha que ele de jeito nenhum. O que me traz de volta à suposição básica sob exame: a de que o cabelo grisalho automaticamente faz uma pessoa parecer mais velha — e menos atraente.

O GRISALHO PODE SER SENSUAL?

Não muito depois de eu ter anunciado ao meu marido que planejava parar de tingir o cabelo, ele chegou em casa e apresentou o que tinha a intenção de ser uma percepção otimista sobre seus sentimentos com relação ao cabelo grisalho nas mulheres. Ele tinha vista no metrô uma mulher de uns 35 anos, com distintas faixas de cabelo grisalho no cabelo escuro, e achou-a "um tesão" *por causa* do grisalho. E isso lembrou-lhe, disse-me ele, de uma assistente que tivera num emprego, cerca de doze anos antes, uma mulher que ficara com faixas de cabelo grisalho no cabelo escuro aos trinta anos. "E na verdade, eu achei *isso* um grande tesão, também. Embora ela fosse sexy em geral. Ainda é."

Legal, meu amor! Muito obrigada por me contar! Talvez você pudesse ter me contado isso antes *de eu gastar zilhões de dólares tingindo o cabelo?* Mas, de fato, era interessante. E reconfortante. E meio que me fez dar uma parada. Talvez a verdade seja que os homens de fato gostam de cabelo grisalho (ou pelo menos, não se importam com ele), e são as *mulheres* suas piores inimigas quando se trata de gostar e admitir o grisalho como uma cor aceitável. Sem a imagem de uma pessoa específica em mente quando perguntado no abstrato, "Você acha uma mulher com cabelos grisalhos atraente?", é fácil dizer não. Grande parte disso se deve ao fato de que, até termos a muito sexy Helen Mirren como modelo de personagem durante a época do Oscar, em 2007, a típica imagem mental que a maior parte dos homens ou mulheres teria invocado de uma mulher grisalha seria a de suas avós. E sexo e avós simplesmente não se misturam. É claro, se alguém perguntar se homens grisalhos são sexy, George Clooney, Richard Gere e Anderson Cooper vêm à cabeça.

Fiquei pensando se, se fossem apresentadas aos homens mulheres conhecidas deles, vivas, respirando, atraentes, com cabelo grisalho, como a ex-assistente do meu marido, em vez de perguntar a eles abstratamente se gostavam de cabelo grisalho, se eles teriam uma reação diferente. Resolvi conduzir um levantamento muito informal entre os homens de diferentes idades que eu conhecia.

Scott, gerente musical, ligeiramente fora de forma e um tanto tenso, com 33 anos de idade, estava na extremidade encorajadora do espectro. "Quando vejo cabelo grisalho em uma mulher com menos de, digamos, 55 anos, há uma conotação de sabedoria de algum modo estranho. Ou uma ousadia de parecer de uma determinada maneira que é atraente para mim. Cabelo preto com um toque de grisalho pode também ser muito atraente."

Poucas semanas depois de conversar com Scott, tropecei pela primeira vez em quase uma década com John, um executivo de produção de televisão do tipo que usa camisas brancas lisas com colarinho de botão, calças *chino* e altamente namorador, de 51 anos de idade. Na última vez que John me vira, eu tinha meu cabelo de ébano, de modo que estava ansiosa com a reação dele ao meu cabelo recém-grisalho. Ele definitivamente percebeu, mas não disse uma palavra a respeito, o que me deixou muito acanhada. Quando me perguntou o que eu estava fazendo, e respondi, com nervosismo, "estou trabalhando num livro sobre cabelo grisalho," ele me aliviou ao professar um interesse real no assunto sugerindo que conversássemos a respeito durante o almoço.

Dadas suas vibrações gerais de um cara a fim de alguma coisa, e também ainda insegura com meu cabelo recém-grisalho, fiquei surpresa ao descobrir que John gostava de mulheres com cabelo grisalho. "Sempre adorei cabelos grisalhos em uma mulher, especialmente em uma mulher que ficou completamente grisalha e se veste de um jeito que a gente não espera. Sabe, esperamos esse cabelo na última geração de 'vovós', como a tia Bea da série *The Andy Griffith Show*. Mas numa mulher moderna com aparência descontraída, jeans e camiseta, um terninho de trabalho ou um vestido de noite, é fantástico. Por exemplo, você está ótima agora." *Ufa*. Mesmo com cabelo grisalho, eu ainda fazia jus ao seu flerte costumeiro. Eu estava com uma camisa branca de algodão, jeans e uma velha capa de chuva de verniz preto *Agnès B*. "Para mim", continuou ele, "é uma surpresa de verdade ver uma mulher com menos de quarenta anos, ou hoje com menos de cinquenta, confiante o suficiente para usar o cabelo grisalho ou prata. Deve ser um saco quando se está ficando grisalha, e é uma confusão de todos os tipos de cor. Mas uma vez que está lá, vá em frente. É ótimo."

Quando lhe perguntei se ele achava que outros homens compartilhavam desse ponto de vista de aceitação, ele pensou... Não muito. "Quando eu era mais jovem, até talvez dez anos atrás, achava que tinha uma visão bastante comum, média, sobre quase tudo o que dizia respeito às minhas opiniões sobre mulheres. Então, quando comecei a ouvir amigos meus dizerem que não poderiam namorar uma mulher que não tivesse determinado perfil, determinada idade ou uma determinada cor de cabelo, me dei conta de que eu estava mais ou menos sozinho. Quando sou o único cara de que me lembro que se casou com uma segunda esposa mais velha que a primeira, acho provável que o grupo dos que acham que grisalho é bom deve ser menor do que eu imagino." Não tenho certeza de que John esteja certo, ou se é porque há tão poucas mulheres jovens com cabelo grisalho que os caras simplesmente não pensam a esse respeito.

Dan, jornalista, solteiro, de 34 anos, que atraiu muita atenção de atraentes jovens nova-iorquinas, declarou ser um agnóstico quanto à cor de cabelo. "Nunca houve um tipo de cabelo em particular que eu preferisse, e já namorei ruivas de cabelos encaracolados e morenas de cabelo liso, passado a ferro. Já namorei também mulheres que estavam começando a ficar grisalhas, o que não me incomodou nem um pouco. Com mulheres que estavam começando a ficar grisalhas e tingiam o cabelo, uma ou duas vezes, eu disse que isso não me incomodava nem um pouco — e elas responderam que incomodava a *elas*. Provavelmente do mesmo jeito que fico bem mais obcecado com pêlos nas costas do que qualquer pessoa que eu já tenha namorado." *Sim!* Eu acho. Dan percebeu tudo — são as mulheres que ficam obcecadas com seu cabelo grisalho, muito mais que os homens.

Talvez, imaginei, apenas os caras que trabalhavam em campos criativos, como a televisão ou a indústria da música tenham idéias abertas o suficiente para achar as mulheres grisalhas atraentes. Encontrei-me com meu velho amigo Henry — que trabalhava num banco de investimentos em Manhattan, solteiro, de 51 anos e namorador *serial* de mulheres extremamente atraentes (em geral, cerca de dez ou vinte anos mais novas que ele) — para um drinque. Henry quase não tivera experiência com mulheres de cabelo grisalho, disse, não porque as achasse pouco atraentes, insistiu, mas porque mulheres solteiras com cinqüenta anos tinham ex-maridos e filhos, e essas eram "complicações" que tendiam a afastá-lo. Durante cerca de dois meses, mais recentemente, namorara uma mulher apenas poucos anos mais jovem, uma divorciada com uma filha mais velha, mas ela era (a) linda, (b) loura e (c) bem conhecida atriz de cinema.

Assim como Dan, Henry acha que as idéias que muitas mulheres fazem do que os homens acham atraente simplesmente não são corretas. "Elas se vestem umas para as outras, mais que para os homens. Acham que estamos reagindo a coisas às quais não estamos." E até um homem brutalmente perceptivo como Henry insistia que os homens não eram tão obcecados só com juventude e beleza como as mulheres presumiam. "Lembre-se", disse ele, "cada vez que você vê alguma mulher linda caminhando pela rua, algum homem se cansou de transar com ela. Se os homens são tão superficiais, como um cara se cansaria de transar com uma modelo linda? Se fosse *só* por causa da beleza, isso não aconteceria. O modo pelo qual os homens realmente vêem a juventude é a postura, a energia e a vitalidade, o jeito como a mulher se apresenta. Homens reagem a *esse* tipo de atributo físico." Em outras palavras ... autenticidade? "Bom, eu não conheço nenhum cara que goste de peitos falsos."

Até então os homens com quem eu falara moravam em Nova York, de modo que liguei para meu bom amigo Jeff, divorciado, 54 anos, autor de televisão que mora em Los Angeles, para ver se lá os homens eram tão daltônicos como aqui. Jeff, é claro, *não* tem nenhum colega grisalho e tinge o próprio cabelo. Ele foi politicamente incorreto de modo definitivo e desafiador. "Mulheres grisalhas", ele disse, "correm o risco de parecer que desistiram. Só mulheres que foram estonteantes a vida inteira deveriam pensar em correr esse risco. Algumas — muito, muito poucas — mulheres grisalhas são lindas." Está bem, justo. Graças a Deus não moro em Los Angeles.

Mas depois de ter conversado bastante com meia dúzia de homens, dei-me conta de que, com exceção do *show-business* em

Los Angeles, não é com a cor do cabelo que os caras mais se preocupam. Ficou claro para mim que estamos presas numa armadilha negativa, com reforço mútuo: como as mulheres internalizaram por completo uma falsa suposição de que os homens só reagem a uma estreita faixa de beleza, elas limitam sua faixa de possibilidades para os homens.

Emmylou Harris, a cantora *country* de sessenta anos de idade, é o grande ícone norte-americano para a sensualidade de mulheres grisalhas. Cada vez que discuti com amigos e conhecidos minha decisão de parar de tingir o cabelo e mais tarde escrever este livro, o nome dela foi citado. Como disse sobre ela um amigo, jardineiro profissional, de 36 anos de idade: "Acredite num cara jovem, cabelo grisalho é *sexy* — acho que Emmylou Harris é uma das coisas mais sexies que há por aí".

Ela ficou grisalha muito jovem e, de fato, tingiu o cabelo durante algum tempo quando tinha trinta anos. Quando perguntei a Emmylou se ela achava que determinados tipos de homem tendiam a se sentir mais atraídos por mulheres que deixavam aparecer o grisalho ou o branco natural, ela me falou de autenticidade. Ela acha que *todos* os homens sentem uma "certa atração pelo ser natural... Quando se chega ao fundamental, quando as pessoas começam a se conhecer e se entra no reino da verdadeira interação humana, o interesse é pela pessoa cuja presença as deixa à vontade e apaixonada pela vida. Todos nos sentimos *atraídos* pelo físico — é pura biologia. Somos formados desse jeito para o contato inicial, mas todos sabemos que estamos procurando alguém que nos aceite e se congratule conosco pelo que somos. Quem quer representar 24 horas por dia? Que pesadelo seria ter medo de que alguém nos visse nus."

Cabelo grisalho, ela me fez pensar, tornou-se uma forma de nudez pública. Sua própria existência declara ao mundo que a pessoa que o usa tende a desprezar artifícios. Quando vou a reuniões, agora, com meu cabelo grisalho, muitas vezes sou a única mulher na sala que não está "usando" nenhuma cor artificial.

"Esqueço que tenho cabelo grisalho", disse minha amiga Susanna, e aí me vejo numa vitrine de rua e penso: *tem algo errado*. Eu pareço ter a minha idade. Mas também tenho experiências que me fazem sentir que estou sendo severa demais para comigo mesma. Recentemente, eu caminhava pela Walker Street [na vizinhança de Tribeca], e duas mulheres jovens, vestidas com shorts, sandálias de tiras parecendo gavinhas subindo pelas pernas e *tops* realmente apertados, saíram de um prédio no momento exato em que eu me aproximava. Parei para observá-las. No outro lado da rua, dois trabalhadores de uma companhia de mudanças, de queixo igualmente caído, observavam essas mulheres passarem. Quando passei pelos homens, um deles me disse: 'Gosto mais de você'. Devo ter parecido chocada, porque então ele me disse: 'Você é uma mulher de verdade'." E ela chega a palpitar que seu recente cabelo novo tinha, estranhamente, resultado em um maior número de convites sociais, porque as anfitriãs agora a achavam menos ameaçadora sexualmente. "Uma vez eu tive uma amiga que disse que era difícil me convidar para jantares porque as outras mulheres não me queriam sentada ao lado de seus maridos. Pode imaginar?"

O modo como escolhemos apresentar a cor do nosso cabelo é complicada.

Uma mulher maravilhosa, de 75 anos, que conheci numa tarde num centro comercial em Long Island, defendia com paixão os motivos pelos quais ainda pintava o cabelo. Marjorie tinha imenso cabelo cor de algodão-doce platina e estava vestida em calças de alfaiate pretas, uma chique jaqueta de couro preto e uma écharpe preta e vermelha amarrada ao estilo da atriz Dale Evans no pescoço. Ela dedicava um bocado de atenção à própria embalagem, era óbvio. Perguntei-lhe se podia conversar sobre seu cabelo. "Claro, querida, cabelo é a coisa mais importante na minha vida, no que diz respeito à aparência — não fica do jeito que eu gosto durante muito tempo, mas eu tento." Perguntei se o modo pelo qual ela se sentia em relação ao cabelo a fazia se sentir sexy. Ela pensou durante um minuto. "Faz a gente se sentir melhor consigo mesma, então a gente transmite um entusiasmo maior, e isso pode ser sexy."

Toni, colorista em um salão no centro comercial em que conheci Marjorie, acha que sabe sem dúvida por que a maior parte de suas clientes tinge o cabelo. "As mulheres fazem isso por seus maridos, ou então para ir aos clubes e enganar os maridos. De qualquer modo, é por causa de algum homem."

Resolvi que queria mais que apenas histórias e opiniões de amigos, estranhos e celebridades. Queria alguns dados sérios.

Sou limítrofe, de incompetência quase total, quando se trata de estatísticas, de modo que angariei a ajuda de diversas outras pessoas para planejar um levantamento que pudesse testar o posicionamento das pessoas a respeito de idade, beleza e cabelo grisalho. Primeiro, liguei para minha amiga Diana Rhoten, uma cientista social dinâmica, de quarenta anos de idade, que trabalhava na National Science Foundation (cabelos louros com luzes). Sem dúvida, Diana é a solteira mais eficiente que conheço. Se eu tivesse de ser mandada para uma ilha deserta, ela seria minha primeira escolha, depois da minha família — não tenho dúvida de que ela descobriria um jeito de construir uma casa, plantar alimentos e montar algum sistema de comunicação que nos tirasse da ilha. De qualquer modo, Diana me passou para o SurveyMonkey, uma área da web que apóia projetos de levantamento e coleta de dados. Uma noite, durante um jantar de bolo de carne, ela graciosamente me ensinou como estruturar uma pesquisa.

Uma vez feitos os trabalhos básicos, liguei para minha cunhada Kristi, cientista política, e sua filha Emily, geniozinho, estudante de pós-graduação, para verificar as perguntas que eu desenvolvera. Quatrocentas e duas mulheres e noventa homens pelo país inteiro responderam ao levantamento, um tanto exaustivo, que levava aproximadamente trinta minutos para completar. Todos os meus ajudantes, que fazem pesquisas com regularidade, ficaram surpresos com a robustez da taxa de respostas. Não chegou a ser uma surpresa para mim — as pessoas se preocupam com sua aparência de maneira apaixonada.

Em especial, eu queria responder à pergunta de 64 mil dólares: exatamente quanto o cabelo grisalho faz alguém parecer mais velha, e é isso considerado em si mesmo pouco atraente?

Também aliciei (está bem, coagi) seis amigas — duas de trinta e poucos anos, duas com quarenta e qualquer coisa e duas com mais de cinqüenta, duas que têm cabelo naturalmente castanho, uma grisalha e três que tingem o cabelo com cores artificiais — para posar para fotos. Eu posei também. Depois pedi que manipulassem digitalmente as fotos, usando Photoshop, para produzir catorze imagens: nós sete, todas com cabelo castanho *e* todas com cabelo grisalho.

Cada levantamento continha uma versão escolhida aleatoriamente de cada uma de nós. Em outras palavras, uma dada pessoa que respondeu à pesquisa viu cada um de nossos rostos apenas uma vez, ou como uma pessoa de cabelo castanho *ou* grisalha. Como uma espécie de "controle", e para testar a sabedoria convencional de que cabelo grisalho em homens não era nem de perto tão problemático, uma das pessoas de cinqüenta anos era homem.[*]

Perguntamos aos nossos investigados a respeito de cada uma das sete pessoas fotografadas em seus levantamentos: *Você arranjaria um encontro dessa pessoa com um amigo? Que idade você dá a ela?*

---

[*] Para ver as fotografias, por favor, acesse www.AnneKreamer.com/book_photos_test.html.

Minha suposição era de que pessoas com cabelo grisalho seriam consideradas menos atraentes — ou seja, teriam menor probabilidade de serem escolhidas para se apresentar a amigos. Em uma seção do estudo em que eu simplesmente perguntava às mulheres se elas achavam que os homens julgavam as mulheres grisalhas menos atraentes, as pesquisadas responderam que sim numa proporção de duas para uma. Mas os resultados do teste da foto de gêmeas quase idênticas apresentou o resultado inverso, uma completa surpresa para mim. Para Barbara, que tem cabelo escuro, a foto manipulada com o Photoshop para torná-la muito grisalha, realmente a fez ser percebida como menos passível de ser apresentada em um encontro; e para a falsa grisalha de 38 anos, Emily T., houve uma pequena desvantagem. Em relação ao resto de nós, quatro em seis mulheres, houve uma *vantagem* modesta, mas consistente, na habilitação para ser apresentada em encontros nas versões grisalhas.

Entretanto, a sabedoria convencional mais básica foi confirmada: uma cor que não seja a grisalha ou branca faz com que as pessoas pareçam, em média, cerca de três anos mais jovem. Para Tom e Alison, o efeito foi de apenas dois anos; para Bonnie e para mim, foi mais próximo a três anos, e para Emily O. foi de quase quatro. As pessoas acharam, em média, que Emily T., com seu cabelo castanho natural tinha cinco anos menos. E calculou-se que Barbara tinha sete anos e meio menos com cabelo castanho em comparação com o grisalho.

Quando contei a Barbara o resultado da pesquisa, ela respondeu: "Eu sempre pensei, *se apenas eu tivesse cinco anos menos*. Então aí vai. Não vou mudar minha rotina".

As boas notícias para a Barbara foi que as pessoas pensaram que ela era mais jovem do que realmente é, sem importar a cor do cabelo — exatamente o contrário da Allison, cuja idade com cabelo grisalho, foi calculada entre seis ou nove anos mais velha que sua idade verdadeira, na época 31 anos. Na verdade, o cabelo grisalho só fez as mulheres mais jovens, e os únicos homens —Allison, Emily T. e Tom — pareceram mais velhos do que *na verdade* eram. Com meu cabelo "photoshopado" de marrom, a média de idade calculada para mim foi de 45, enquanto com o cabelo grisalho, a média foi de apenas pouco menos de 48. Eu tinha quase cinqüenta quando as fotos foram tiradas.

Para mim os dados indicaram claramente que, quando o cabelo grisalho é apropriado à idade (dos quarenta em diante), *nós na verdade não enganamos ninguém* quanto à nossa idade quando os tingimos. Quando as mulheres têm cabelo grisalho aos trinta anos, ao que parece, as pessoas supõem que elas são mais velhas porque não é comum ter cabelo grisalho com essa idade.

Desse modo, o cabelo grisalho não me faz parecer mais velha do que sou; ele apenas permite que as pessoas adivinhem minha idade verdadeira com um pouco mais de exatidão. Sei que isso é, definitivamente, uma maneira otimista de pensar. Mas estou disposta a pagar o preço e fazer a barganha — abro mão dessa ilusão de três anos em troca do luxo de ser um pouco mais direta comigo mesma e com o mundo sobre quem sou e como realmente sou.

É interessante ver que, embora a coloração artificial tenha se tornado quase universal, as pessoas ainda estão relutantes em dizer que tingem o cabelo para enganar os outros — ou seja, para parecer mais jovens. Das pesquisadas que tingem o cabelo, pouco menos de uma em cada quatro, ao se perguntar por que fazem isso, disse que era para parecer mais jovem e (conseqüentemente) mais sexy — enquanto 50% disseram que o motivo era "apenas estético", como preferir castanho, ruivo ou louro, ou simplesmente uma questão de gosto, nada a ver com falsa juventude. E quando se perguntou a essas pessoas por que começaram a tingir o cabelo, só uma em seis foi direta e admitiu que o motivo era parecer mais jovem. Mesmo que as pessoas, de maneira altiva e aberta, declarem que tingem o cabelo, seus motivos verdadeiros permanecem ambivalentes. Parece que, apesar de toda doutrinação cultural contra o envelhecimento, a maior parte de nós se sente culpada em admitir que uma coisa tão superficial como querer parecer mais jovem motiva nosso comportamento.

"Paquera" — Meu teste de estrada
Match.com em três cidades

Quando eu estava no meio da pesquisa para realizar o meu estudo, dei-me conta de que havia outra experiência, muito mais pessoal, que eu poderia fazer para testar se ter cabelo grisalho era prejudicial à paquera de uma mulher da minha idade. Eu poderia me oferecer em um site de encontros na internet — ou melhor, mentir sobre meu *status* conjugal e maternal (é internet, não é?), e fingir estar disponível para uma paquera. E, ainda melhor, com o milagre do Photoshop, eu poderia fazer a experiência tanto como uma cinqüentona de cabelos grisalhos quanto como uma cinqüentona morena.

Usei as mesmas fotografias de mim mesma que usara na pesquisa on-line. O perfil que as acompanhava, a não ser pela parte "divorciada sem filhos", seria exato. Meu plano era primeiro apresentar a foto grisalha e deixar por três semanas, e depois retirá-la durante alguns meses. Depois eu apresentaria a mesma descrição e a mesma foto, desta vez com cabelo castanho. Calculei que se eu fosse sincera quanto à minha idade, e a *única* variável concreta que mudava de um perfil para o outro fosse a cor do meu cabelo, então eu poderia testar de modo bastante definitivo se só o cabelo grisalho era um fator determinante na atração para os homens.

Escolhi o *Match.com* para minha experiência porque seus 50 milhões de membros estão mais interessados em paqueras sem rabo-preso do que os participantes do *eHarmony*, no qual os usuários explicitamente esperam encontrar um parceiro. Eu tentava criar um teste tão puro quanto possível para grisalha *versus* morena como base para a "paquerabilidade", e não queria induzir ninguém a pensar que eu desejava me casar.

Embora eu soubesse que era uma boa idéia para os objetivos deste livro, estava nervosa com a perspectiva de realmente fazê-lo. Não tinha uma idéia real de como funcionavam as "comunidades" da internet, muito menos os protocolos de paquera on-line. Fiquei realmente ansiosa em contar à minha família, especialmente meu marido, que estava a ponto de pôr meu rosto e detalhes pessoais na web para tentar (virtualmente) conhecer homens estranhos. Kurt não é uma pessoa ciumenta em demasia, mas imaginei que isso pudesse ameaçar até os limites dele.

Não existe maneira fácil de lidar com uma discussão, de modo que, com genuíno tremor, anunciei à família inteira durante o jantar o que eu estava planejando — eu queria as crianças junto para que elas pudessem ficar do "meu lado" na remota chance de Kurt realmente odiar a idéia. Graças a Deus meu marido é um escritor com senso de malícia, e além disso um tipo de *nerd*, porque ele de imediato entendeu a idéia de tentar quantificar o nível de interesse gerado pelo meu cabelo grisalho *versus* o castanho. Ficou um pouco inquieto com a idéia de eu fingir a paquera ("Na versão cinematográfica dessa história", disse ele, "você realmente conheceria um cara e se apaixonaria por ele"), mas entendeu minha necessidade de fazer a experiência e por fim endossou-a. Minhas filhas adolescentes acharam que era mais um mico constrangedor que sua constrangedora mãe estava pagando.

No dia em que finalmente ia entrar no *Match.com* e escrever o meu perfil, meu coração disparou. Era assustador. Eu ia me lançar em um foro público, pedindo a milhares de homens que me julgassem e dessem uma nota — e, o que era ainda mais aterrador, amigos ou conhecidos poderiam na verdade ver minha foto e achar que meu marido e eu tínhamos nos separado. ("É o primeiro ato na versão cinematográfica", disse Kurt.)

Acontece que, naquela mesma semana, deparei com um artigo no *Hispanic PR Wire* que me levou a acreditar que meu cabelo grisalho poderia ser prejudicial na paquera imaginária que eu estava prestes a empreender.

> Quando se trata de uma boa primeira impressão na cena da paquera, os arranjos on-line podem se mostrar muito difíceis. Bem a tempo para o Ano-Novo, o *Just for Men Haircolor* está publicando resultados de um estudo de "Primeiras impressões" para ajudar os solteiros a encontrar sua perfeita cybernamorada. O levantamento às cegas, on-line, de setecentos paqueradores... concluíram que o maior inimigo de um cyberpaquerador é cabelo grisalho. Esmagadores 86% das mulheres e 91% dos homens disseram que não namorariam alguém de cabelo grisalho, preferindo gente com aparência mais jovem.

Ai, ai.

Eu não tinha pensado em como poderia responder todas as questões do *Match.com*. Resolvi que queria que todas as minhas respostas gerassem a maior agregação de respostas possível, de modo que agonizei durante um ou dois dias sobre como seria meu nome na tela, finalmente decidindo usar elementos do jogo de salão no qual se usa o nome do primeiro animal de estimação e o nome da rua do primeiro endereço para encontrar um "nome de atriz pornô" - "Snowball Veranda" ou "Muffin St. James". A primeira rua em que eu morara era na Pensilvânia, e o número da casa era 6450. Meu nome artístico, Pensilvânia6450 surgiu. Esperava que fosse neutro no bom sentido, que Pensilvânia não tivesse conotações distintamente regionais, e que 6450 fosse um número aparentemente aleatório.

Eu estava nervosa, talvez de maneira boba, com relação a dar minha data de nascimento verdadeira on-line, de modo que usei mês e ano, mas peguei um dia alternativo a esmo. O que realmente interessava era estar claro que eu tinha cinqüenta anos. No início disse que estava separada porque achei que era muito perturbador pôr por escrito que era divorciada. (Já mencionei que sou supersticiosa?) Mas meu marido me convenceu de que cara algum iria querer se envolver com uma pessoa separada — muito confuso, muito complicado, muito "não pronta" —, de modo eu teria de ser divorciada. Também detestei apagar as crianças da imagem, mas o mesmo argumento se aplicava — crianças significavam complicações, e eu queria que o universo de homens potenciais pensasse que eu era minimamente complicada e estaria disponível num piscar de olhos.

Comecei a imaginar o grau de veracidade do perfil de qualquer pessoa. Uma vez mais, o espectro que ia da sinceridade à mentira, ao longo do qual todos nós vivemos, viera à superfície. Eu me sentia muito insegura: um desejo de sinceridade me fizera deixar de tingir o cabelo, e, no entanto, estava mentindo on-line para tentar descobrir a verdade a respeito do cabelo grisalho. Esperava que o fim justificasse os meios.

Quanto ao resto das perguntas do perfil, fui verdadeira, mas também não queria parecer muito ansiosa. Quis incluir coisas que me fizessem parecer uma cinqüentona jovial e divertida. Quando acabei, não podia imaginar que alguém pudesse querer me paquerar — se eu estivesse lendo o meu perfil, acharia que sou algum tipo de andróide emocionalmente inacessível. E só tinha de rezar para que ninguém que eu conhecesse por acaso me visse. Fiquei *realmente* perturbada ao apertar o botão "enviar".

Foi assim que enviei meu perfil:

Como você se diverte?
Assisto Jon Stewart, *Deadwood* e *The O.C.* Leio livros de mistérios e estou melhorando um pouco nas palavras cruzadas.

Lugares interessantes por perto ou destinos de viagens?
Gosto de ir a muitos lugares e prefiro o excêntrico ao pretensioso. Um ótimo dia seria caminhar por uma vizinhança desconhecida em qualquer lugar, descobrir alguma loja com coisas do tipo: livros, objetos, roupas antigas — e tentar a sorte em um restaurante aconchegante.

Coisas de que mais gosta?
Bolo de carne, azul água-marinha, não chuva (gosto de tempo ensolarado), cachorros grandes, carros pretos, *Death Cab for Cuties*, Philip Glass, jeans, ioga.

Descreva você mesmo e seu par perfeito para nossa comunidade.
É mais fácil para mim descrever-me em termos de diferentes mídias: sou ao mesmo tempo Stephen Colbert e Jim Lehrer, Capote e King Kong, mais para *Whole Foods* que para *Burger King*, e não acredito que as coisas sejam pretas ou brancas. Meu par seria alguém parecido.

Em todas as respostas mais genéricas, "marque uma" em múltipla escolha, tentei ser sincera, mas também busquei abrir-me para o maior número de respondentes — enfatizar meus aspectos mais populares, de garota normal. Marquei que gosto de esportes, embora literalmente prefira ir ao dentista do que assistir esportes na TV — gosto de *fazer* esportes. Disse que não me importava com o nível de instrução, renda, religião ou qualquer desses itens nos homens — outra vez minha intenção era maximizar o número de respostas agregadas dos paqueras em potencial para os objetivos da experiência. E não respondi nenhuma das perguntas mortificantes tipo Playmate da *Playboy* sobre o que me excitava — cabelo comprido, *piercings*, tempestades... Sinto muito, não respondo. E para o objetivo da experiência, fiz com que meu auxiliar de Photoshop embranquecesse ligeiramente meu cabelo na foto para ficar ainda menos ambíguo, na pequena imagem do computador, que eu tinha cabelo grisalho.

Naquela primeira noite, meu marido, minha filha Lucy e eu entramos na rede juntos para ver a aparência dos homens e mulheres no *Match.com* e o que eles diziam de si mesmos. Rondamos em torno do computador e especulamos. Será que achávamos que eles iriam me perceber como uma fraude?

Das diversas centenas de mulheres quarentonas a final dos cinqüenta que percorremos, só duas tinham cabelo grisalho ou branco, enquanto cerca de um quarto dos homens parecia ter cabelo grisalho ou agrisalhando. Minha presunçosa suposição de que "não preciso checar o universo de paquera on-line porque sou casada" tinha sido a de que as pessoas que vemos on-line pareceriam esquisitas, "fracassadas". Agora me sinto realmente burra por ter tido uma idéia tão pouco informada. O que nos surpreendeu a todos, incluindo minha filha fluente em *FaceBook* e *MySpace*, foi como a maior parte das pessoas parecia ser normal e convidativa. Na verdade, varrendo o universo de paquera prospectivo de mulheres que moravam dentro de um raio de três quilômetros da nossa casa, meu marido encontrou montes de mulheres que ele "paqueraria". Muito gratificante. "Imagino", disse ele, "se algumas dessas não são mães da escola das crianças. E você acha que algumas delas conhecem as pessoas que conhecemos?" O que me deixou ainda mais ansiosa em relação a alguma amiga me ver no *Match.com*.

Durante os três primeiros dias depois de o meu perfil grisalho ser apresentado, cerca de uma centena de homens me olhara — e recebi três "piscadelas". "Piscadela" é o termo técnico usado pelo *Match.com* para quando alguém está interessado o suficiente para trocar e-mails com você. Eles "piscam" para você. Ou você "pisca" para eles. Não apenas *odiei* o termo, mas, ao contrário dos homens relativamente atraentes que eu vira na primeira noite, também achei que os primeiros caras que "piscaram" para mim eram francamente do tipo desmazelado e nojento. O primeiro tinha 56 anos e parecia um daqueles caras que você veria sentado sozinho num bar no início da tarde.

Agora que eu tinha recebido "piscadas", me dei conta de que tinha de ter um *modus operandi* sobre como responder. O que *dizer* para o encanecido camarada de 56 anos que poderia estar me mandando seu e-mail de uma biblioteca pública local? Senti-me mal por estar induzindo homens ao erro, mesmo que ligeiramente, e não queria estender a charada com cada um por mais tempo que o necessário. Afinal, eu estava interessada neles apenas como dados, não como futuros falsos paqueras individuais. Felizmente, o *Match.com* proporcionava um simples, genérico, "não interessada" como opção de resposta. Só ultrapassei meus limites uma vez, quando um cara de 32 anos de idade, com aparência legal, cujo perfil dizia que estava interessado em conhecer mulheres de 18 a 34 anos "piscou" para mim. Enviei-lhe um e-mail perguntando por que ele piscara para uma pessoa de cinquenta anos se estava interessado em mulheres com menos de 34. Devo ter parecido um policial (ou alguma versão distorcida das operações ilegais de predadores sexuais no *Dateline NBC*) tentando agarrá-lo. Eu não tinha, é claro, a linguagem da paquera na cabeça. Nunca mais ouvi falar dele.

Recebi um total de trezentas "espiadas" e sete "piscadelas" de homens de todas as idades durante as três semanas em que minha foto grisalha foi apresentada. Duas de minhas sete piscadelas vieram de afro-americanos. Não sabia como interpretar isso, mas talvez minha cor de cabelo fora do padrão, como "questão", fosse suplantada e reduzida pela questão da cor da pele. Não tenho idéia de que tipo de resposta eu poderia ter tido se eu tivesse realmente "piscado", eu mesma, para alguém. Não achei correto iniciar um encontro e me descrever enganosamente a esse grau. Mas o número de respostas foi surpreendente — e francamente lisonjeiras.

Além disso, achei a comunidade on-line interessante. A renda das pessoas que me piscaram iam de 25 mil dólares a cerca de 100 mil dólares por ano; as profissões, de executivos de vendas a jardineiro. Aprovei o processo inteiro mais do que achava que fosse aprovar — senti-me acessível e aberta, e embora muitas pessoas pudessem estar mentindo (como eu), mesmo assim encorajava um tipo democrático de união que só podia ser bom. Tenho a sorte de morar numa cidade em que é relativamente fácil conhecer pessoas em aulas, palestras e clubes, mas se eu morasse em um lugar rural ou suburbano, mais isolado, e quisesse conhecer homens, eu definitivamente adotaria a paquera on-line.

Depois de um hiato de três meses, apresentei minha foto com cabelo castanho e perfil idêntico — Nova York, divorciada, sem filhos — no *Match.com*. Para tentar despistar quem tivesse olhado meu eu grisalho com relação à nova imagem, resolvi mudar meu nome de tela para Kansas1246. Achei que se alguém realmente me criticasse pelo novo cabelo, eu diria que, como não tivera muito sucesso como grisalha, resolvera tingir o cabelo para aumentar minhas chances. Ninguém viu.

Os resultados dessa vez foram um choque. Durante o curso da primeira semana, recebi catorze olhadas e duas piscadelas. E durante todo o período de três semanas, a eu de cabelo castanho não recebeu *nenhuma* piscadela adicional e só setenta olhadas no total.

Em outras palavras, eu recebera mais de quatro vezes o interesse inicial com meu cabelo prateado, e mais de três vezes mais piscadelas. De alguma maneira, suspeito que minha experiência tenha fracassado. A idéia de que os homens se sentiam significativamente mais atraídos para a eu grisalha não tem sentido. Será que eu tinha esgotado o universo dos homens da região de Nova York no *Match.com*? Resolvi repetir a experiência em diferentes regiões geográficas, mudando também a ordem na qual apresentava as fotos de cores diferentes. Então "mudei-me" para Chicago, e dessa vez comecei com a minha imagem castanha. Depois de três semanas, a eu castanha tivera 49 olhadas e cinco piscadelas por parte dos chicagoanos. E depois, com meu cabelo grisalho, recebi 79 olhadas e cinco piscadelas durante o período de três semanas subseqüentes do teste — inclusive a primeira piscadela de uma pessoa que chegou a propor me encontrar para um drinque, um cara de boa aparência com cerca de 45 anos.

Para o teste final e, supus, mais desafiador, apresentei minha imagem grisalha como residente de Los Angeles. Durante as três semanas, recebi 47 olhadas e quatro piscadelas — uma de um afro-americano de 33 anos, duas de latino-americanos quarentões (veja só, *Hispanic PR Wire!**), e a outra de um grego-americano com 29 anos de idade. Ao contrário dos caras de meia-idade, uniformemente brancos, que piscaram para mim em Chicago, todos os caras de

---

* Empresa com sede em Miami voltada para serviços editoriais relacionados à comunidade hispânica. (N. E.)

Los Angeles gostavam de revistas para homens (GQ) e todos, com exceção de um, era significativamente mais jovem que eu. De qualquer modo, durante minhas três semanas como uma potencial paquera on-line de cabelos castanhos em Los Angeles, tive o mesmo vacilante resultado contraintuitivo que em Nova York e Chicago — apenas 23 olhadas, todas de homens com seus cinqüenta anos, e nem uma única piscadela.

No total, recebi três vezes mais "olhadas" *Match.com* com cabelo grisalho, o que pode ser atribuído em parte simplesmente ao fator estranheza — como é raro ver uma mulher grisalha no site, alguns homens podem ter clicado apenas por curiosidade. Em cada uma das três cidades, porém, eu também recebi muitas ou mais "piscadelas" com cabelo grisalho que com o castanho — e, no âmbito nacional, duas vezes mais "piscadelas".

Doideira. Seja lá quais forem os motivos dos homens dos Estados Unidos, aparentemente sou muito mais atraente como uma cinqüentona grisalha que como uma cinqüentona de cabelo castanho. Fiquei estupefata — e muito, muito satisfeita, não apenas por vaidade, mas também pela pequena mas poderosa refutação da sabedoria convencional. Realmente me senti como se descobrisse alguma coisa. Sob o ponto de vista abstrato, como descobri no meu estudo on-line, as pessoas racionalmente acham que cabelo branco denota envelhecimento e é menos atraente, mas quando nos deparamos com a realidade específica, descobrimos que *isso simplesmente não é verdade*. Com esse conhecimento confirmado cientificamente, comecei a caminhar pela rua com um novo nível de confiança a respeito de minha decisão de ficar grisalha.

Mas *por quê*? Eu não podia imaginar que esse resultado fosse de algum modo limitado à minha eventual aparência. Talvez a "autenticidade" fosse atraente, a verdade implícita e a autoconfiança "sou do jeito que sou". Ou talvez alguns homens estivessem apostando que uma mulher grisalha no *Match.com* estava tão desesperada para agarrar alguém que as chances deles seriam altas.

A última dessas possibilidades inevitavelmente levantou uma questão delicada: será que existe um subconjunto de homens (ou mulheres) para os quais o cabelo grisalho não é apenas um fator neutro na fantasia sexual, mas, em vez disso, um excitante específico? Procurei no Google "sites pornô de mulheres grisalhas", e apareceram 194 mil, com nomes como "Old Swinger Pussy" (velhas xoxotas promíscuas) e "Old Mature Sluts" (Velhas putas maduras) (e estranhamente, "Cabelo grisalho: ativo ou passivo no trabalho?", da *CBS News*). Vasculhei ainda mais e descobri que a resposta às minhas perguntas era ambígua — existe definitivamente um mercado próspero para pornografia "madura". As mulheres retratadas pareciam ter mais de quarenta anos, mas no meu (limitado) giro por essa subcultura, só encontrei um site que mostrava mulheres de cabelo grisalho, e todas tinham mais de sessenta anos. As mulheres nos sites maduros eram esmagadoramente louras, e até as mais velhas depilavam a região pubiana — tema para outro livro sobre curiosos cuidados capilares no século XXI.

Uma noite na cidade

A EXPERIÊNCIA DE PSEUDO-PAQUERA no cyberespaço na verdade me deu confiança o suficiente para resolver que eu queria saber como era tentar conhecer os homens em pessoa. Eu iria aos bares. "Legal", disse meu marido quando mencionei esse acréscimo, "e *agora* o filme passa de comédia romântica para um *thriller* mais sombrio, mais cortante." Ele baixou a voz para imitar a voz grave em *off* de narrador de *trailer* de filme: "No qual mentiras e fantasias de brincadeira se transformam numa verdade inacreditável". Mas não vetou a idéia.

Imaginei que poderia repetir na vida real a experiência cabelo grisalho/cabelo castanho que explorara on-line. Fui comprar uma peruca castanha, com o mesmo corte e cor com que me penteava antes de ficar grisalha, e planejei ir a alguns bares com o falso castanho, e a outros com o grisalho natural.

Para comprar a peruca, fui a uma espelunca minúscula na Rua 14, em Manhattan, que vende principalmente para mulheres afro-americanas e jovens rebeldes de todas as etnias — não é preciso dizer que eu não me ajustava ao perfil de seus clientes costumeiros. Uma mulher branca de aparência sóbria, de meia-idade, entrando porta adentro foi motivo de hilaridade por parte do pessoal da loja. O que me fez feliz. Eu adorei, enquanto fazia as pesquisas para este livro, ser obrigada a sair das minhas áreas de conforto costumeiras — abordar estranhos e ligar para pessoas que não conhecia para conversar com elas a respeito de suas vidas e cabelos, expondo-me ao ridículo e um pouquinho de emoção com o *Match.com*, indo a lugares inteiramente fora de minha trilha batida.

Acho que uma das coisas que me aterrorizavam mais com relação a ficar mais velha era um medo de que eu fosse simplesmente me acomodar a alguma rotina chata e, perdoem-me, cinzenta na vida. Levantar, fazer o café-da-manhã, ler os jornais, fazer as tarefas domésticas, fazer meu trabalho, fazer o jantar, lavar os pratos, levar o lixo para fora, assistir a um pouco de TV, ir para a cama. De novo. De novo. De novo. Essa história de adotar minha "grisalhice" deu-me um pretexto pessoalmente imenso para interagir com um mundo mais amplo. Diverti-me de verdade; envolvi-me com família, amigos e estranhos de modo inteiramente novo, íntimo e pessoal; e fui obrigada e examinar meus próprios temores e inseguranças ... ser velha, irrelevante, "por fora", ou apenas com aparência acabada e feia. Comecei na realidade a internalizar e compreender realmente que não é tão importante como pensamos o que as outras pessoas acham que parecemos; é como nos *sentimos*. Eu sei, eu sei, todas as revistas femininas, programas de entrevistas e livros de auto-ajuda dizem exatamente a mesma coisa, mas eu precisava da experiência de primeira-mão para acreditar.

Entrar na loja de perucas não fez com que eu me sentisse parecida com Jennifer Garner da série *Alias*, mas alguns de meus comportamentos básicos convencionais, tipo não se sobressair na multidão, estavam mudando.

Uma mulher negra, alta, com cabelo curto, tingido de platina, completava sua aquisição de uma peruca longa, de cabelo encaracolado marrom-escuro, quando me aproximei do balcão. Sua transformação imediata, da semelhança com a *rapper* Eve num minuto, e com Beyoncé, no minuto seguinte, foi fantástica — e ela tinha uma aparência fabulosa. Os dois jovens balconistas se divertiam com ela, e eu entrei no espírito da minha missão. Contei aos caras meu plano de ir a bares e comparar o que acontecia com as duas aparências diferentes — e eles *adoraram* a idéia. Deram-me também instruções sobre como pôr a peruca, já que eu não tinha idéia de como fazê-la parecer natural.

Eu sabia que não poderia ir aos bares sozinha — há anos que não fazia isso. Além disso, sabia que até a sugestão de que eu pudesse ir sozinha seria pedir demais do meu condescendente marido. Ocorreu-me, porém, que ir com ele seria muito constrangedor para nós dois — eu não conseguiria nem tentar flertar de modo eficaz com ele à espreita.

Recrutei um de nossos amigos mais íntimos, Billy, um correspondente estrangeiro experiente em lidar com lugares pouco familiares e hábil em fazer com que as pessoas conversassem com ele, e que além disso é um bom companheiro de copo dos dias em que eu bebia bem. Além da conveniência de ter um amigo para "pau-de-cabeleira" no teste, dei-me conta de que ter um testemunho masculino para ajudar a digerir as experiências da noite seria útil. Achei que outro ponto de vista feminino seria essencial, de modo que perguntei a minha amiga Rachel, uma mulher efervescente, com mais ou menos a minha idade, se ela topava sair pela cidade uma noite. Ela topou. No mínimo achei que nós três juntos nos divertiríamos, e que com a ajuda deles eu poderia ter mais sorte em conhecer homens.

Eu queria ir de alto a baixo, de restaurantes e hotéis elegantes a bares normais. Billy sugeriu que saíssemos em uma das noites da March Madness, as finais do basquete da NCAA. A idéia dele era que os jogos garantiriam bandos de heterossexuais saindo de casa. Eu não entrara num bar pronta para ação desde o governo Carter, de modo que não tinha a mínima idéia de onde ir ou de como me vestir. Confiei em Billy para traçar o trajeto.

Uma noite, na semana antes da saída, enquanto esperava por uma mesa para jantar, comecei a me sentir como uma antropóloga observando as pessoas jovens e não tão jovens amontoadas em torno do bar do restaurante. O lugar, no Meatpacking District da moda, ao sul de Manhattan, acabara de abrir e era o centro gustativo mais recente naquele mês. As pessoas no bar estavam ali muito definidamente *para serem vistas*. E o cenário era o oposto ao da cantina dos alienígenas esquisitos de *Guerra nas estrelas*. Todas as mulheres estavam de jeans apertados, de cintura baixa, ligeiramente largos nas pernas; blusas justas e decotadas; e sapatos de bico fino com saltos altos, *kitten-heeled*. (Minha filha de dezesseis anos me ensinou o termo "*kitten-heeled*", salto fino, alto). Cada uma delas tinha uma bolsinha muito reluzente com montes de tachas de metal e correntes. Todas pareciam ter o cabelo da atriz Jennifer Aniston em 2003. Suas bundas e barrigas apertadas se esbarravam quando elas viravam para ver quem poderia estar se acotovelando ao lado.

Fiz um inventário de minhas opções de roupa e tipo de corpo, e calculei como poderia me enquadrar naquele bar. Até tinha os itens mais ou menos adequados, mas eles pareciam artefatos dos anos 1980, e não de um tipo *rétro* informado. Meus jeans tinham o corte clássico da Gap, minhas blusas e sapatos, J. Crew. Ficaria deslocada junto a essas mulheres delgadas. Não haveria a menor chance de que um cara naquela situação me percebesse, quanto mais lançar um segundo olhar. Senti que meu entusiasmo pela aventura — ou seja, meu trabalho de campo — estava diminuindo.

Rachel e eu trocamos uma série de e-mails sobre o que usar. Ela resolveu trajar um simples vestido preto e sapato fechado de salto, mas eu não queria ficar muito diferente de como eu sairia com meu marido ou amigos, e certamente não queria dar bandeira de que estava tentando desesperadamente apanhar homens — o objetivo do exercício era ver o que poderia acontecer sem muito esforço. Então optei por jeans, não o *7 for All Mankind* de duzentos dólares usados por todas as mulheres no bar do restaurante, mas um honesto par de Levi's; uma blusa branca imaculada — já que sou uma mulher que usa gola alta em todos os meses, com exceção de agosto, minha única concessão à "sensualidade" era abrir um botão a mais da minha blusa — uma jaqueta florida 3/4; e botas verdes.

E a peruca marrom? Não importa quanto eu tentasse, parecia ridiculamente falsa. Ao estudarmos minha imagem emperucada no espelho do banheiro, Rachel disse: "Você está parecendo uma mulher carola". O que não era exatamente a imagem que eu buscava. Livrei-me da peruca, pus rímel nos olhos, e estava pronta. Sem contar para meu marido, resolvi deixar a aliança de casamento em casa — apenas em prol da pesquisa. (Quando depois confessei a ele que saíra sem aliança, ele replicou, na lata, "tudo bem — enquanto você estava fora eu trouxe algumas putas para cá".)

Apanhamos Billy, um homem másculo, ligeiramente professoral, de 53 anos de idade e um metro e 88 — e lá fomos para o bar do Maritime Hotel, em Manhattan. Nós três nos aproximamos do bar juntos, para acalmar os nervos, deixar que Rachel e Billy se conhecessem e para fazer o ajuste fino na estratégia. Pensei muito durante a semana sobre como seria o melhor meio de garantir que eu tivesse alguma interação com homens. Uma de minhas idéias era de que Billy podia entrar primeiro e confraternizar com alguns dos outros camaradas no bar, enquanto Rachel e eu chegaríamos um pouco mais tarde e sentaríamos na extremidade oposta. Ele então faria com que os caras com quem ele estivesse começassem a discutir se achavam que "aquelas senhoras" eram "factíveis". Ou, pensei, ele poderia apenas observar e anotar os pontos de vista de algum sujeito enquanto Rachel e eu tentávamos ver se algum homem daria em cima de nós. Mas é claro que improvisamos o tempo todo.

Era uma típica cena profissional no Maritime, pessoas com menos de quarenta anos, ainda em suas roupas de trabalho, se soltando na primeira noite de uma sexta-feira quente do ano. O Maritime, batizado assim porque fora antes a sede nacional do Sindicato dos Marítimos, é um lugar altamente estimulante na altamente estimulante Chelsea. O prédio é acanhado, uma torre branca de cerâmica pontilhada com janelas ao estilo de escotilhas, e parece um navio oceânico retrô. A maior parte das pessoas estava do lado de fora, em um pátio cheio de mesas encimadas por guarda-sóis listados de azul e branco, mas parecia só haver casais ou grandes grupos de amigos. Esperando ter melhor sorte em encontrar solteiros, dirigimo-nos para dentro, para o restaurante e o bar.

Havia alguns poucos grupos de homens em torno do bar, de modo que foi onde gravitamos, mas, francamente, eu não poderia dizer se eles eram heterossexuais. Como seria constrangedor se eu passasse a noite tentando pegar um cara *gay*? Ai, meu Deus, — eu estava *tão* desnorteada. Minha pequena "experiência" iria ser muito mais trabalhosa do que eu jubilosamente fantasiara. Esqueci como era difícil começar uma conversa com pessoas que não conhecia. E eu tinha trinta anos de vibrações nova-iorquinas "não mexa comigo, sou casada" para desfazer em uma única noite.

Quando Michael, o *bartender* tipo Toby Maguire veio anotar nossos pedidos, consegui angariar coragem para perguntar a ele o que achava de mulheres com cabelo grisalho. "Minha mãe nunca tingiu o cabelo na vida", disse ele. "Meus pais eram velhos *hippies*, Berkeley nos anos 1967, 1968, e eu não gosto de moças maquiadas demais. Simplesmente não gosto. As pessoas grisalhas são *interessantes*, acho." *Especialmente aquelas de nós que estão escrevendo livros sobre o assunto,* – eu não exclamei. "Francamente", continuou ele, "todos nós fazemos julgamentos apressados, e me parece que todo mundo está sempre usando alguma fantasia. Então, para mim, o cabelo grisalho é uma declaração de que a fantasia é na verdade a falta de uma fantasia." Michael estava dizendo que o cabelo grisalho envia uma mensagem de que o que está aparente é o que existe de verdade.

Engoli minha dignidade e pedi a ele dicas de como eu poderia, digamos assim, ser cantada. Ele me deu diretrizes claras. Não vá a clubes — todo mundo lá está com identidade falsa e tem cerca de dezoito anos. E vá sozinha. *Certo! Claro! Vamos em frente.* Eu teria de me livrar de Rachel e Billy, se tivesse esperanças de obter algum resultado. Mesmo assim, eu queria o ponto de vista deles, de modo que perguntei se eles não se importavam de sentar separados de mim na próxima parada.

Depois de entrar e sair de diversos bares e restaurantes em que a maior parte das pessoas era formada por casais, acabamos na Pete's Tavern, um famoso bar na velha Nova York, perto do Gramercy Park. O Pete's era perfeito — estreito, com lambris escuros, jantar na sala dos fundos, um longo balcão, diversas televisões suspensas mostrando o jogo de basquete e uma *jukebox* tocando Neil Young, Van Morrison, The Doors. *Música! Certo!* Outro importante criador de climas para conhecer homens. Eu me apropriei do único assento livre perto da porta da frente enquanto meus amigos, seguindo as instruções do *bartender* do Maritime, foram para o fundo da sala.

Sentei-me ao lado de um cara de cerca de trinta anos que assistia ao jogo. E aí congelei — e agora? Ficou claro para mim que o camarada queria conversar mas eu não sabia como quebrar o gelo. Então, gênio que sou, perguntei "quanto está o jogo?" Senti o alívio dele por eu ter feito a primeira abertura e me vi encorajada a perguntar-lhe o que fazia na vida. O Departamento Central de Distribuição de Papéis não podia ter mandado um homem melhor — pense em Tom Cruise em *Ases indomáveis*. O meu Tom tinha 39 anos, era especialista em eletrônica na Marinha Mercante (meio sexy), com acesso a informações altamente secretas (muito sexy, embora provavelmente pouco verdadeiro). E mais, ele estava na cidade visitando seu pai doente (ah). Era inteligente, jovial, antiquado, mas à vontade com a alta-tecnologia, e bonito — além do mais era dedicado ao pai. *Grande prêmio!*

Conversamos e flertamos durante uns quinze minutos. Quando perguntei o que ele achava de meu cabelo grisalho, respondeu: "Os homens simplesmente não se importam com isso".

E então, acabei abrindo o jogo quanto ao que eu estava fazendo — porque ficou claro para mim que se eu realmente quisesse ir para casa com ele naquela noite, ele toparia. Já me sentia estranha o suficiente com minha aparência enganosa e não queria enganá-lo ainda mais. Por sorte, como ele parecia um cara decente, recebeu bem a notícia — e aí pareceu interessado em como era escrever um livro. Foi uma interação totalmente encantadora, que me fez sentir de bem com a vida.

Desse modo, depois de apenas duas horas, eu tivera dois caras muito gracinha, muito legais, dizendo-me que meu cabelo grisalho não tinha importância para eles, um dos quais estivera bastante preparado para mostrar essa indiferença. De fato, comecei a achar que o cabelo grisalho poderia até ser uma vantagem numa situação de paquera, um modo de ficar livre de uma camada de fingimento, artificialidade e defesas que assustam as pessoas — um sinal que diz *não estou mentindo* e *estou confiante* desde o início.

Como parada final depois de deixar Billy em casa, Rachel e eu visitamos um bar de lésbicas chamado Cattyshack em Park Slope, no Brooklyn, que é descrito na revista New York do seguinte modo: "as reuniões de fim de semana, que apresentam garotas vestidas com calcinhas de tiras se contorcendo em palcos de *striptease*, são arejadas o suficiente para misturarem *faux-hawk*, solteiros vindos de outras áreas metropolitanas, celebridades lésbicas e até um punhado de rapazes". Eu não sabia o que era "*hawk*", quanto mais "*faux-hawk*", mas estava curiosa para ver se meu cabelo grisalho seria pouco comum no bar de lésbicas e se eu seria abordada lá. Cabelo curto grisalho é, afinal de contas, um tipo de estereótipo lésbico.

Pagamos nossas taxas de *couvert* e entramos. Embora tivesse lido a respeito das dançarinas, fiquei pasma e ligeiramente envergonhada ao ver uma linda jovem *topless* em cima de um balcão rebolando, se retorcendo e contorcendo, excitando a sala. Rachel e eu tínhamos uns bons dez anos mais que qualquer outra pessoa no local, e, mesmo de jeans, eu me sentia bem-vestida demais. Não acho que alguém sequer tivesse olhado para nós — era como se tivéssemos um campo elétrico tipo "na verdade não somos gays" em torno de nós. E, aliás, *ninguém mais* no lugar tinha cabelo grisalho.

No dia seguinte perguntei a Billy o que ele tinha aprendido sobre a nossa noite na cidade. Tivemos uma longa e engraçada troca de e-mails sobre os detalhes — mas então ele emitiu sua opinião final. "Eis o que acho que a noite confirmou — pense europeu, se quiser, parisiense. Não importa sua idade, se você tiver humor e presença em relação a ela — flertar é *divertido*. As pessoas flertam porque gostam. E vão gostar de você também, se você for boa no assunto. Talvez *especialmente* se você tem cabelo grisalho — prova de que você viveu e não vai "ficar submissa", como diria Dylan Thomas."

O CABELO GRISALHO É ILEGAL EM HOLLYWOOD?

NÃO HÁ MEIO PROFISSIONAL no qual a moeda da atração física seja mais importante do que na indústria dos espetáculos, em que a aparência juvenil e o meio de vida da pessoa estão explicitamente, indissoluvelmente ligados. Diversas atrizes sérias tornaram-se conhecidas por evitar a cirurgia plástica ao envelhecerem — Meryl Streep (59), Sigourney Weaver (58), Susan Sarandon (61) —, mas fora Jamie Lee Curtis (49), que está envolvida em um campanha individual pela autenticidade da meia-idade, não há atrizes famosas norte-americanas com cabelo naturalmente grisalho. *Nenhuma.* O que é surpreendente.

O cineasta Bruce Feirstein, que mora em Los Angeles (e tem o crédito de três filmes de James Bond), me deu sua opinião. "Hollywood — filmes, TV, entretenimento de massa — sempre focalizou a juventude e a vaidade. Desde o início os atores — e particularmente as atrizes — sempre tiveram um prazo de validade muito curto. Está sempre aparecendo alguém novo, mais jovem e mais fresco."

"Quando eu era mais jovem, uma atriz amiga significou uma grande revelação com referência a esse tema. Quando estávamos com vinte e tanto, trinta e poucos anos de idade, ela era uma estrela gigantesca. E aí, com cerca de 35 anos, os papéis principais de mulher sensual começaram a minguar. Na época, suas amigas temiam que fosse por causa de sua personalidade algumas vezes exigente. Conversávamos sobre o que poderíamos fazer para 'ajudá-la'. Mas então, um dia, me dei conta — não era culpa dela. Era apenas inevitável que aparecesse alguém dez anos mais nova que se ajustasse ao mesmo arquétipo básico."

E, é claro, o duplo padrão com respeito à idade para homens e mulheres no cinema é assombroso. Atores grisalhos como Richard Gere, George Clooney, Harrison Ford, Clint Eastwood e Paul Newman, continuaram todos a ter papéis principais sedutores até quarenta e tantos, cinqüenta e sessenta anos de idade. Para as mulheres que tenham o objetivo de convencer como sedutoras na tela, cinqüenta anos é a data limite de validade. O que aconteceu de repente, por exemplo, com as carreiras de Michelle Pfeiffer, Jessica Lange e Meg Ryan? Elas cometeram o equívoco de fazer 45 anos.

Nenhuma delas, porém, é pesadona, nem muito flácida — nem grisalha. "Não é tanto uma pressão declarada", me disse um executivo da indústria do cinema, "mas uma pressão que faz parte de Los Angeles como o brilho do sol: *Você não pode se abandonar*." E por "abandonar" ele quis dizer "envelhecer na velocidade normal". Logo pensei no meu velho amigo Jeff, o roteirista de TV em Santa Mônica, com formação numa universidade da Ivy League, que me disse sem meias palavras que, para ele, o cabelo grisalho era sinal de que uma mulher tinha "se dado por vencida".

"Você é atriz ou ator", disse o executivo, "e vai ter mais de doze metros de altura na tela. O talento é mais ou menos um dom, pouco quantificável — se houver seis atrizes mais ou menos qualificadas para o papel, ele vai sempre para aquela que o diretor ou estúdio acha que é mais atraente. Desprezar esse fato é ingenuidade. Assim como ir contra ele. Os diretores muitas vezes vão dizer às pessoas para perderem cinco quilos ou ir a um treinador e sarar o corpo. Será que isso é realmente muito diferente do que um editor de livros em Nova York falar para um escritor brilhante que corte dois capítulos de um romance? Nos dois casos, o editor e o diretor estão apenas cuidando de melhorar o produto final. Nos dois casos, o talento é um dom."

A infeliz diferença entre atores e atrizes, é claro, é que são elas obrigadas a *ser* esse produto convincentemente jovem, sexy, 24 horas por dia sete dias por semana, mesmo quando não estão representando, para convencer a indústria e o mundo em geral de que elas podem *representar* jovens e sensuais. E a infeliz diferença para o resto de nós é que, com as atrizes, ao contrário de romancistas ou qualquer outro personagem cultural, internalizamos os padrões perfeccionistas impostos a elas como nossos — e tentamos alcançar um padrão para o qual nos faltam não apenas os genes, mas todo o vasto conjunto de ferramentas de Hollywood.

Quando estão representando, as atrizes, ao contrário de atores, muitas vezes usam perucas, o que facilita a continuidade da cena cinco para a cena 37, e torna a preparação do cabelo real da atriz mais rápida e mais fácil. Portanto, quando as mulheres do público, que em geral desconhecem essa falsidade em particular, vêem-se desejando ter o cabelo que pareça mais com o de Nicole Kidman em *A intérprete*, ou Meg Ryan em *Mensagem para você*, elas anseiam por um ideal artificial literalmente inalcançável.

E o que aconteceria se, quando *não* estão trabalhando, as atrizes grisalhas aparecessem em público — em programas de entrevistas, em eventos, em lojas e restaurantes — como mulheres grisalhas? Será que receberiam menos papéis, ou papéis menos interessantes, ou talvez lhes pagassem menos? Pode ser que sim, pode ser que não, mas aparentemente nenhuma delas está disposta a arriscar. Todos queremos perpetuar a fantasia de que nenhum de nós está envelhecendo. E quanto mais as dezenas de milhões de mulheres naturalmente grisalhas ou de cabelos brancos nos Estados Unidos tingirem o cabelo, mais pressão haverá sobre nossos celebrados ícones de beleza a negarem a realidade também e *viverem* a fantasia — e então, na TV, nos filmes e revistas, a fantasia por sua vez será reforçada pelos anônimos dez milhões. É um ciclo infinito.

Dado que um filme de estúdio relativamente modesto agora custa 100 milhões de dólares, e que apresentar qualquer série nova na TV é uma aposta de muitos milhões de dólares, estúdios e redes adversos ao risco têm obviamente hesitações em testar essa sabedoria convencional tipo ovo-ou-galinha de modo muito agressivo. Fico imaginando se o público nascido nos anos 1950 em particular não poderia aparecer às pencas, se bons filmes e séries de Holywood fossem rotineiramente produzidos com atrizes mais velhas, sensuais e poderosas. Poderíamos pensar que o recente sucesso de Diane Keaton em *Alguém tem de ceder* (bilheteria de 267 milhões de dólares no mundo inteiro) e *Laços de família* (92 milhões de dólares), ou Meryl Streep em *O diabo veste Prada* (257 milhões), ou Helen Mirren em *A rainha* (261 milhões) pudesse provar essa questão para os executivos.

Anna Quindlen experimentou em primeira mão como é difícil conseguir que se façam filmes com papéis substanciais para mulheres mais velhas. Em seu romance recente, um *bestseller*, *A família Blessings*, a personagem central é uma mulher idosa considerando sua bem-vivida vida, e Quindlen gosta particularmente dela. "Não pude acreditar que nunca fizera isso antes", disse ela, querendo dizer criar uma protagonista mais velha. "Tive todos os estágios da vida dessa personagem, e as pessoas realmente reagiram de maneira muito forte e visceral a ela. Mas, em Hollywood, ninguém sequer *pensou* em fazer uma apresentação de uma mulher daquela idade." *A família Blessings* acabou sendo transformado num filme para a televisão, com Mary Tyler Moore, para a CBS, a rede de televisão recentemente conhecida por um público mais velho — e praticamente todas as resenhas mencionaram como a peruca grisalha encaracolada que Moore usou no papel a transformou por completo. "Você podia falar de *Dirigindo Miss Daisy* até dizer chega", disse Quindlen, "mas ninguém em Hollywood ia tocar em *A família Blessings* [para fazer um filme]". Em seu romance seguinte, *Rise and shine* (Cresça e brilhe), os personagens principais tinham 47 e 43 anos de idade, e Quindlen teve muita sorte de encontrar a produtora Lydia Pilcher (que produziu todos os filmes de Mira Nair), que adquiriu direitos de encenação do livro. Quindlen acha que a venda foi ajudada pelo fato de que a produtora é mulher e os diretores considerados para o filme também.

A atriz Frances McDormand me disse que se sente com sorte por sua vida profissional não ter nunca se baseado "em ser um brotinho. Mal fui do tipo ingênua. Não sou classicamente feminina".

"Usei próteses de seios em *Arizona nunca mais* [1987] porque minha personagem morava num estacionamento de *trailers* e tinha cinco filhos, e ela precisava o tipo de blusa e balanço de peitos grandes. É claro, comecei então a receber roteiros para mulheres com peitos grandes. E, na realidade, comecei a levar minhas próteses de seios para as audições, em uma caixa — eu queria provar que sabia *representar* como uma mulher com peitos grandes. Até chegar a uma em que um dos diretores de personagens perguntou: 'Você já pensou em fazer uma plástica de seios? Poderíamos pagar por ela'. E eu lá iria cortar meus seios para obter *um trabalho?*"

"Durante meus anos iniciais como atriz, disseram-me que eu tinha uma aparência muito engraçada, e muito sem peito, de modo que me fiz indispensável nessas outras áreas da profissão baseadas em ser interessante. E isso permitiu que eu amadurecesse profissionalmente e trabalhasse sem parar, porque eu não tinha de permanecer trancada em uma *persona*. Se eu tivesse iniciado minha carreira como a ingênua ou a heroína principal, *teria* de ser vaidosa, mas um ator com personalidade tem latitude muito maior." Como o mundo em geral estava pronto para "descobri-la" quando ela tinha trinta ou quarenta anos, disse, esse espaço deu força à sua carreira. "Quando uma atriz engorda ou põe preto nos dentes, ou uma almofada de gravidez e faz o papel de polícia num terno marrom, passa a ser ineressante — essas são imagens que as pessoas não estão acostumadas a ver."

McDormand pensou muito sobre sua pouca aparência de atriz e no fato de ser uma atriz de meia-idade. "Quando comecei a ser escolhida como interesse amoroso, era muitas vezes para o benefício de personagens masculinos como Robert De Niro em *O último suspeito* [2002], ou Michael Douglas em *Garotos incríveis* [2000]" — ela quer dizer que deu a eles profundidade e seriedade porque ela *não é* um brotinho. "É diferente contracenar comigo ou contracenar com Sharon Stone. Já tive papéis que lidavam com sexualidade, mas a única vez em que a usei de fato foi em *Rua das tentações* [2002], no qual senti a sensualidade mais livre. Descobri que era mais fácil projetar uma sexualidade à vontade imitando os tipos masculinos. Eu observava os rapazes com quem estava trabalhando, e adotava seus gestos e relacionamentos com o corpo — jeans, pernas abertas, joelhos cruzados, corpos indecorosos. *Rua das tentações* foi meu filme 'mulher mais velha/homem mais moço' — é um marco para as atrizes. Mas, é claro, depois disso comecei a obter outros roteiros para a 'mulher mais velha', e eu disse, 'já fiz isso, não quero fazer outra vez'."

Foi interessante ter essa conversa durante o almoço em Fairway, a grande vizinhança sem pretensões, de mercearias, no Upper West Side de Manhattan. O contraste entre nosso tema e sua apresentação terra-a-terra, sem charme, era nítida. "No meu tipo de trabalho a gente tem de ser vaidosa", disse ela, sentando-se diante de mim sem um pingo de maquiagem, "e na verdade chamamos o pessoal do cabeleireiro e da maquiagem 'as vaidades', mesmo que não se possa fazer muito com cabelo e maquiagem. A mágica contra o envelhecimento tem de vir da *iluminação*."

E como aparte, Nora Ephron brincara comigo ao longo dos anos que, se pudéssemos montar pequenas luzes em um aparelho na frente do nosso rosto, que nos iluminasse artisticamente, não precisaríamos de metade dos cosméticos que usamos.

Frances McDormand disse que costumava tingir o cabelo num tom mais escuro. "Eu tinha um problema com o loiro — queria promover essa visão durona, morena. Mas o cabelo mais escuro não combinava quando as rugas começaram a aparecer." Ela está esperançosa a respeito de suas opções profissionais à medida que envelhece (tem 48 anos). "Com meu cabelo grisalho — e estou exatamente começando a ter cabelos brancos, e os adoro —, vou conseguir trabalhos. Acho que cabelo grisalho aos 25 anos é diferente. Não acho que poderia ter conseguido trabalho com cabelo grisalho aos 25 anos, mas agora, sim."

Perguntei a meu amigo Mark, um cineasta de sucesso que tem mais de cinqüenta, a respeito do padrão duplo para os homens em Hollywood. "Os homens sempre tiveram um lugar mais alto, diferente, em termos de vaidade e da duração de suas carreiras. Pode chamar isso de sexismo ou satisfação de desejos da parte de executivos de estúdios em processo de envelhecimento, mas Hollywood nunca teve problemas em dar papéis a homens mais velhos com mulheres muito mais jovens. Uma das grandes histórias de Hollywood era Cary Grant insistindo que sua [diferença de idade] passaria desapercebida no filme *Charada*. É um grande filme, por causa de Grant [na época com 59 anos] dizer a Audrey Hepburn [34] que ele tinha idade suficiente para ser seu pai. Ele não tinha medo da idade. É claro, nem devia ter — ele era Cary Grant. Em outro exemplo disso, Sean Connery [na época com 69] aparentemente insistiu na mesma coisa no filme *Armadilha*, de 1999, que co-estrelava com Catherine Zeta-Jones [30]. De novo, trata-se de Sean Connery.

Mas o "idosismo" em Hollywood vai além da aparência na tela — e se estende às pessoas que não representam. "Ouve-se falar um bocado sobre escritores 'envelhecendo'", diz Mark, "junto com executivos de estúdios, agentes e diretores. Não se engana ninguém sobre sua idade. Pode-se tingir o cabelo" — ele diz que não tinge, embora esteja ainda completamente castanho —, "e fazer um monte de cirurgia plástica até parecer ridículo, como anfitriões de programas de entrevistas matinais que já fizeram tanta plástica que mais parecem ter sido vítimas de incêndio, mas, no final, o que conta é seu ponto de vista, sua atitude."

"Ninguém pode simplesmente entrar numa sala reclamando que os filmes não são tão bons como eram, ou que os 'moços de hoje não sabem nada'. Isso lhe dá um rótulo de pessoa ultrapassada, como se você dissesse que não usa e-mail ou não conhece nem está interessado em coisas como MySpace.com ou *blogging*. Como escritor ou diretor, aqui, deve-ser ser atualizado e ser jovial. Você pode não gostar de *videogames*, mas é melhor tomar conhecimento deles e reconhecer sua importância. Pode não concordar com o jeito como os filmes são cortados hoje em dia, mas é melhor reconhecer que isso é uma gramática e uma sintaxe cinematográficas que o público compreende."

"Mas não é fácil", acrescentou Mark. "E algumas vezes a gente sente que, quando finalmente está dominando tudo isso [como um artesão], sua experiência é desvalorizada. Eu já tive essa experiência — recentemente, um jovem executivo me substituiu num projeto quase que por motivo nenhum, fora o que meu advogado me explicou. 'Ele tem 32 anos e prefere se cercar de outras pessoas com 32 anos'."

"Será que se pode *legitimamente* 'passar da idade'? É claro. Será que um cara de 45 anos deve tentar escrever comédias colegiais, ou alguém de 58, filmes tipo 'estou tendo problemas em conhecer garotas'? Absolutamente não. Mas olha só para o Clint Eastwood: ele sempre representou sua idade, sempre, como ator, lidou com histórias apropriadas para sua idade, e nunca se esquivou de quem era. E sempre trabalhou."

Então, em casos como os de Cary Grant, Sean Connery e Clint Eastwood, sua sensualidade arquetípica, à medida que ficavam mais velhos, deu-lhes a confiança necessária para serem francos quanto à idade, mas essa franqueza — esse senso básico de autenticidade que invocam — os fez ainda mais sensuais. Será que isso não pode funcionar para mulheres também, na tela e na vida real?

Durante as vintenas de entrevistas que fiz para este livro, quase a totalidade das pessoas entrevistadas citaram "a mídia" como os guias da nova obsessão turbinada dos norte-americanos em parecer jovens. Mas Mark, o cineasta, acertou no alvo quanto a qual setor da mídia é culpado. "Se tivéssemos de apontar quem é mais responsável pela mania de cirurgia plástica, eu apontaria mais para Barbara Walters* do que para Hollywood. Nunca fingimos que a garota da casa ao lado fosse *realmente* a garota da casa ao lado. Para mim, era a mulher que estava na sua casa todos os dias: as *apresentadoras de notícias*, essa mulheres" — que não deveriam ser elaborações humanas representando papéis, mas pessoas sérias, concretas, contando-nos a plena verdade —, "e não as atrizes, que mudaram as coisas." Mais uma vez, ironicamente, as vitórias feministas no local de

---

* Barbara Walters é jornalista, e uma das âncoras e apresentadoras de TV mais famosas dos Estados Unidos. (N. E.)

trabalho dos anos 1970 e 1980 puseram as mulheres nos noticiários da TV, mas também tiveram o efeito não intencionado de tornar todo tipo de juventude artificial mais aceitável e até obrigatório.

A questão da juventude e meio de vida profissional veio à baila em âmbito nacional em meados da década de 1980, quando Christine Craft, uma repórter da afiliada da ABC em Kansas City, se tornou um símbolo da discriminação por idade. O chefe dela chegou realmente a dizer que ela estava, aos 39 anos, "velha demais, muito pouco atraente, e não era deferente o bastante em relação aos homens", e a rebaixou. Craft entrou com uma ação de quebra de contrato e ganhou 500 mil dólares por danos.

Poderíamos pensar que, com o agrisalhamento da geração dos anos 1950, a questão da discriminação por idade na televisão iria sumir, mas, em 2005, o *Wall Street Journal* publicou uma matéria sobre o caso de Marny Stanier Midkiff, que trabalhara no WeatherChannel durante dezesseis anos, tanto como repórter *ao vivo* quanto como supervisora nos bastidores. Ela foi demitida em 2003, aos 41 anos de idade, e entrou com uma ação trabalhista porque o canal sistematicamente "queria se livrar de talentos que entravam *ao vivo* em favor de meteorologistas mais jovens". O advogado dela, de acordo com o *Wall Street Journal*, "alega que o canal passou os últimos dois anos procurando uma 'aparência mais sexy', e queria os 'botões de cima abertos na blusa'". Eles "contrataram um consultor de imagens para ajudar as âncoras mulheres a parecerem mais jovens e mais sexies".

Perguntei a Emmylou Harris como fora ficar visivelmente, inquestionavelmente, mais velha na frente de milhões de pessoas. "É difícil estar diante do público porque as pessoas estão sempre comparando você com capas de discos e filmes, e com sua própria aparência aos vinte anos. Em qualquer lugar que você vá, há uma câmara de vídeo e celulares com câmaras, e agora vivemos numa sociedade muito *voyeurística*. Raramente há algum momento em que você se sinta sozinha."

"Mas eu tenho sorte — sou cantora *folk*, de modo que, em um sentido, nós *começamos* velhas. Cantamos sobre questões universais que não têm idade, e que permitem que se envelheça com graça. Ao contrário do *rock*, que trata de coisas mais abertamente sexuais, a maior parte do meu material não tem época. Como cantora *folk*, se sua voz ainda está presente, seu público não espera que você seja jovem para sempre. É um contínuo." Ela teve um modelo excelente em sua mãe, com 86 anos, cujo cabelo naturalmente louro-morango ficou com uma tonalidade de grisalho diferente da dela. "Minha mãe parece ter a idade que tem, mas a transcende."

"Não pense que a vaidade é uma coisa ruim. Ter boa aparência é importante. Mas precisamos *pensar* a respeito de como queremos parecer aos cinqüenta, sessenta ou oitenta anos de idade." Ela diz que nunca teve a intenção de que seu cabelo viesse a fazer parte de sua *persona* pública, "mas é assim. Acho que meu cabelo deixa as pessoas acharem que têm uma opção".

Fica-se pensando por que mais mulheres não adotaram a abordagem de Emmylou Harris ou do ator Steve Martin. Jeff, roteirista de televisão de Hollywood, é amigo de Martin. "Steve é o homem mais corajoso na história do *show-business*", disse-me ele, exagerando como sempre, "porque estava ficando grisalho com muita rapidez aos vinte anos e preferiu não fazer absolutamente nada. A enorme vantagem a longo prazo para Steve Martin é que ele tinha o cabelo branco com cerca de 35 anos e aos sessenta, e desse modo não pareceu envelhecer nem um pouco." Acho que é uma estratégia brilhante, e uma estratégia, francamente, que espero que funcione comigo, mesmo que eu não seja uma celebridade e esteja cerca de duas décadas atrasada com relação a esse grupo.

Vermelho, branco e azul, mas raramente grisalho

Supus que, ao mesmo tempo que era um desafio encontrar mulheres indesculpavelmente grisalhas na indústria de espetáculos, seria moleza encontrar mulheres grisalhas na política, uma das poucas arenas profissionais na qual a maturidade e o raciocínio deveriam ser exigências predominantes. Eu não podia estar mais enganada!

Consegui uma cópia do Diretório do Congresso para 2005-2006. O diretório tem fotografias de cada um dos senadores e dos membros da Câmara de Deputados. Das catorze senadoras, que variam em idade de 47 a 74 anos, *nem uma única tem cabelo grisalho*. Das 67 mulheres membros da Câmara, sendo que a mais nova tem 37 anos, só seis têm cabelo grisalho, metade republicanas, metade democratas. Todas elas, é interessante notar, são de apenas quatro estados — Califórnia, Nova York, Pensilvânia e Carolina do Norte.

A meus olhos, os homens no Congresso que tingem o cabelo de um modo mais evidente parecem especialmente ridículos — e as mulheres que *não* tingem parecem honestas e diretas, como se elas gastassem mais tempo e energia naquilo que realmente importa aos constituintes de seu país. Então, por que mais mulheres na política não relaxam um pouco e mostram sua cor verdadeira, em especial quando censuradas na imprensa por seus esforços em preservar a juventude? No início deste ano, Ted Olson, o ex-subsecretário de Justiça e advogado republicano, resolveu fazer piadas sobre Botox a respeito das duas mulheres mais proeminentes no Congresso, a nova presidente da Câmara, Nancy Pelosi, e Hillary Clinton. O Congresso poderia se divertir, disse Olsen, "procurando sinais de movimento na testa da presidente Pelosi", enquanto o Senado se distrairia com a "testa sem expressão à la Pelosi da senadora Clinton".

Ao buscar no Yahoo "Hillary Clinton" e "cabelo", descobri que apareciam chocantes 3,27 milhões de entradas, e uma fração enorme discutia se seu estilo de penteado tinha ou não importância para ela do ponto de vista político. A própria Hillary levantou o assunto em seu discurso em 2001, no início das aulas em Yale — no qual, com muito bom humor, ela avisou aos graduandos que "cabelo tem importância". Hillary resolveu não usar o cabelo tradicional porque "chapéus realmente acabam com o cabelo da gente". Em 2002, ela brincou com um repórter do *New York Times* dizendo que o título de suas memórias poderia ter sido *Headbands and headaches* (faixas de cabelo e dores de cabeça).

O *RadarOnline.com* apresentava uma peça sobre as "oito piores tendências em penteados no Congresso" pouco antes das eleições de meio de mandato de 2006. "No final", dizia, "as decisões primordiais que os norte-americanos encaram podem todas se resumir a cabelo." O artigo citava uma consultora para imagens de políticos chamada Sherry Maysonave, presidente de Empowerment

Enterprises: "É uma das primeiras coisas que os eleitores notam. O cabelo é um forte indicador da posição e das políticas do candidato".

Mas nem todas as opiniões especializadas são desanimadoras. Nos anos 1990, os cientistas políticos Shawn Rosenberg, Shulamit Kahn, Thuy Tran e Minh-Thu Le publicaram um estudo chamado "Criação da imagem política: moldando a aparência e manipulando o voto". A metodologia deles não era muito diferente da que eu usara no meu levantamento — mostravam fotos de diversas mulheres às pessoas, declarando que eram candidatas a cargos políticos, e perguntavam, numa falsa eleição, quais os pesquisados achavam ser a verdadeira, em quem eles estariam inclinados a votar. Simplesmente mudando a maquiagem, o penteado e a roupa das mulheres, "em duas das três eleições, acentuando a imagem de uma candidata ao mesmo tempo que diminuíamos a imagem de outra, o resultado final revertia". "Acentuar", nesse exemplo, significava o uso de roupas mais conservadoras e cabelo mais curto. Mas ao mesmo tempo que os pesquisadores descobriram, como era de se esperar, que as imagens afetam as preferências dos eleitores, descobriram também que a "sedução física *não* afeta a imagem política" — e que, "em geral, as mulheres que pareciam mais velhas eram avaliadas de modo mais positivo".

Para além da Beltway, a auto-estrada que circunda Washington D.C., parece, a autenticidade é mais permissível. Das oito governadoras de estado, em 2006, três tinham cabelo grisalho, todas democratas. Durante as eleições do ano passado, meu amigo Joel Stein, colunista do *Los Angeles Times*, enviou-me um e-mail. Na linha do assunto: "Mais senhoras importantes de cabelo grisalho", com uma fotografia da legisladora do estado de Montana, Denise Moore, uma republicana de 49 anos com longo cabelo prateado.

Busquei a percepção de primeira mão de uma pessoa que estivera na briga no centro dos Estados Unidos — Ann Richards, a exgovernadora do Texas, que morreu alguns meses depois da nossa conversa. O cabelo dela estava indissoluvelmente ligado à sua *persona*. Seu obituário no *New York Times* no outono passado começava, "Ann W. Richards, a ativista texana de cabelo prateado...".

Durante um almoço extremamente franco, durante o qual ela contou intimidades a respeito das nossas respectivas lutas contra o álcool, filhos e peso, Ann Richards foi igualmente franca a respeito do modo infeliz pelo qual a imagem, em especial a imagem na televisão, restringe a gama de mulheres destinadas a serem candidatas elegíveis para postos públicos.

"Não tinjo meu cabelo por vaidade", disse ela. "Eu simplesmente não tinjo." Ela se tornou governadora aos 57 anos. "A mídia noticiosa falava sobre meu cabelo — ninguém mais. Nunca achei que meu cabelo fosse assunto. E quem se importava com o meu cabelo queria falar como ele era *grande*, de modo que o fato de ter cabelo branco se perdeu na [discussão] de ter cabelo grande. As pessoas diziam: "Sou pela mulher de cabelo grande branco", e ninguém se incomodava nem um pouco. Um ditado do Texas diz que as mulheres têm cabelos grandes para acompanhar o traseiro. Agora que meu traseiro está melhor, meu cabelo também."

Ann Richards sugeriu que essa obsessão com a aparência é resultado da realidade de que "entramos numa sociedade falsa quando aceitamos como fato que as mulheres que não fazem nada além de posar para fotografias e freqüentar festas são lindas. Não é isso que eu considero beleza".

Mas ela era também esclarecida o suficiente para entender que os marcadores de juventude, gostemos ou não, são importantes na política. "A imagem na televisão se tornou uma força muito importante. Políticos devem ter uma constância de imagem. A gente não pode aparecer muito vistosa porque isso vai enviar a mensagem errada, mas, ao mesmo tempo, tem de parecer enérgica. Observe só como um político caminha por um palco ou sobe uma escada — é animado, e precisa aparentar ter toda a energia do mundo, mesmo se for mais velho. Todo esse negócio de parecer mais jovem do que realmente é tem alguma coisa a ver com uma cultura que se convenceu de que parecer jovem é um trunfo valioso."

"Washington se preocupa mais com a imagem do que qualquer outro lugar que eu conheça", disse-me a governadora Ann Richards. "Consultores transmitem aos clientes o que já funcionou [no passado], o que definitivamente estreita o raio de ação do que as pessoas vão fazer. Então todo mundo acaba se espelhando no que as pessoas eleitas com sucesso fizeram antes." Mas isso não dá margem a que se mostre qualquer peculiaridade pessoal.

"Já estive com muitas mulheres em muitas eleições, e as mulheres têm de enfrentar muitas coisas difíceis. Se são bonitas, devem se preocupar em não parecer inexperientes, se são muito velhas, em não parecer cansadas. Quando eu estava perdendo para o Bush [no Texas], em 1994, tive uma grande amiga que me escreveu uma longa e carinhosa carta e disse que eu teria de fazer uma plástica. 'Com as oportunidades que você tem, vai ajudar — todo mundo está fazendo.' Ela tinha boas intenções, mas eu tinha coisas melhores para fazer com meu tempo. As mulheres que se candidatam a posições públicas, se forem solteiras, se preocupam com o que seu oponente vai alegar, talvez dizer que são lésbicas — não conheço ninguém que tenha escapado dessa. A gente não pode se candidatar e parecer muito chamativa. É melhor ser chata que parecer exagerada."

"A questão é muito mais significativa para as mulheres porque os obstáculos na nossa sociedade são maiores. Não sabemos bem o queremos que nossas funcionárias eleitas sejam — mãe, amante ou cuidadoras. Mas o eleitorado vai saber, quando vir."

Uma conhecida minha que é membro da equipe de uma senadora resumiu Washington para mim. "A política", disse ela, "é um negócio em que se pode ser muito velho e até frágil e manter um *status* de herói. Olhe só para o [senador Robert] Byrd e seus quase noventa anos. Ele treme por algum problema de saúde, tem uma brilhante cabeleira branca e usa as roupas mais horríveis que se pode imaginar. Barbara Bush é outro exemplo inteiramente diferente — seu cabelo branco e o fato de ser velha é um acréscimo. Acho que as *mulheres* na política e com poder são muito mais julgadas, e portanto injustamente, quando se trata de aparência. É só dar uma olhada em qualquer artigo político ou perfil de alguma política mulher e ver imediatamente que o que ela estiver usando como maquiagem ou roupas é trazido à tona — Condi, Hillary e a maior parte das demais mulheres sob aqueles refletores se ajustaram a ele. Mas minha opinião é que elas têm de ser muito mais cuidadosas para evitar arranjos que as façam sobressair." Veja, por exemplo, Jeanine Pirro — a fracassada candidata ao senado dos Estados Unidos e secretária de Justiça por Nova York. "A aparência de cirurgia plástica dela certamente não a ajudou."

Em outubro de 2006, poucas semanas antes das eleições de meio de mandato, John Spencer, o candidato republicano para senador por Nova York, fez uma piada em público a respeito da aparência de seu oponente, para um repórter do *New York Daily News*. Spencer disse que Hillary Clinton tinha evoluído de patinho feio para uma mulher apresentável de 59 anos com a ajuda de "milhões de dólares" e "trabalho". Na esteira dessa matéria, o *New York Times* encontrou um cirurgião plástico chamado doutor Cap Lesesne que disse ter exercido sua profissão em dezoito funcionários federais, estaduais e locais: "Políticos querem parecer jovens, melhores, mais saudáveis, mas sem mostrar que tenham feito uma cirurgia plástica".

Quando estávamos nos despedindo, Ann Richards concluiu nossa conversa com o seguinte pensamento — que me inspirou tanto que eu espontaneamente a abracei. "Acho que sabedoria e idade têm valor", disse ela, "e isso é realmente importante. Se só dermos continuidade a essa coisa toda de nos centrarmos na juventude, perderemos o fato de que todas as idades podem ser maravilhosas, não apenas pessoalmente, mas a cultura vai perder esses ingredientes também. E acho que, se melhorarmos nesse aspecto nas gerações seguintes, acredito que meus netos poderão não se tornar alcoólatras." Entendi o salto que ela estava mencionando e concordei inteiramente. Uma ordem de magnitude diferente, é claro, mas, talvez, se eu rejeitasse o tingimento de cabelo obrigatório que minha avó e minha mãe adotaram, minhas filhas poderiam vir a ter maior espaço de manobra com relação ao modo como se poderão apresentar quando amadurecerem.

Das nove às cinco

Mas será que uma profissional de 45 ou 55 anos tem de se preocupar tanto com sua aparência e com a idade quanto as atrizes e as políticas? Eu gostaria de dizer que não, é claro, que no mundo real sinais de envelhecimento normal são aceitáveis, que fazer o trabalho bem é o que realmente conta, e que uma empresária ou gerente de meia-idade não precisa se preocupar com as pressões culturais para parecer mais jovem. Nem você nem eu somos a Cameron Diaz. Não estamos vendendo sensualidade.

É, mas descobri que, em muitas esferas profissionais, o cabelo branco é uma desvantagem. Nossas leis e cada vez mais nossas normas culturais fizeram com que um desvio contra mulheres e pessoas mais velhas seja inaceitável, mas ao mesmo tempo abriu-se uma grande brecha, triste, boba, na nossa nova e ostensivamente igualitária sociedade: parece que a discriminação contra mulheres de cabelo grisalho é muito verdadeira. Um empregador poderá nunca admitir que ele (ou ela) esteja mais inclinado a contratar ou promover um homem em detrimento de uma mulher, ou uma pessoa mais jovem em detrimento de outra mais velha... Mas uma morena, loura ou ruiva em detrimento de uma mulher com cabelo grisalho ou branco? Consciente ou inconscientemente, *sim*, sem dúvida.

As mulheres se preocupam mais do que deveriam com a maneira como o cabelo grisalho poderá afetar suas oportunidades românticas e sexuais de forma negativa. Mas a embalagem com que nos resolvemos apresentar para alcançar credibilidade profissional e sucesso é um desafio mais difícil.

O contexto conta: um emprego num negócio de alta tecnologia ou de vendas é diferente da engenharia ou magistério. Assim também, a geografia cultural (Los Angeles *versus* Mineápolis, Dallas *versus* Boston); o nível organizacional (chefe do departamento financeiro *versus* assistente de empresário de artistas); e a média das idades das pessoas na organização ou profissão. Cada fator determina a imagem que uma mulher será pressionada a adotar, e com que vigor. Será que competência e criatividade é o atributo mais importante a ser transmitido? E que sinais significativos são usados para se "lerem" essas qualidades? Será que uma mulher com cabelo espetado cor-de-laranja consegue um emprego de CEO? Será que alguém parecida com Meg Whitman do eBay consegue trabalho como chefe de um selo de gravação? É mais vantajoso misturar-se à empresa ou destacar-se?

Pense, por exemplo, nos retratos das mulheres que compareceram à conferência de 2005 da revista *Fortune* para as 50 Mais Poderosas Mulheres no Mundo dos Negócios. Das 324 mulheres — CEOs, CFOs e outras executivas das áreas de artigos embalados, bancos, entretenimento, governo, defesa e direito (com uma média de idade de cerca de 47 anos) — exatamente onze, ou 3,4% tinham cabelo grisalho perceptível. Em qualquer reunião semelhante com homens, quase metade dos presentes seriam grisalhos. E a maior parte das executivas seniores grisalhas e de cabelo branco que eu pedi para entrevistar a respeito de seu cabelo, recusaram-se. "Não quero ficar conhecida como a 'mulher em Wall Street com cabelo branco'", disse uma delas.

Sei que um dos motivos pelos quais eu me senti (relativamente) à vontade ao resolver deixar meu cabelo ficar da cor natural é que agora não tenho patrão. Meu sucesso profissional não está mais muito ligado a como me visto ou ao estilo do meu penteado.

Uma década atrás, eu era vice-presidente executiva e diretora mundial de criação para o Nickelodeon e Nick at Nite, da MTV Networks, trabalhando em um dos ambientes de grande empresa mais liberais que se possa imaginar. Mas além da posição de diretora de criação de gerenciamento da marca, eu também tinha responsabilidade colateral — orçamentos, fabricações, vendas e *marketing* — de negócios da Nickelodeon fora da televisão, como brinquedos, publicidade e música, de modo que tinha de apresentar aos meus senhores empresários da Viacom a imagem de uma pessoa que podia gerenciar com responsabilidade uma empresa de muitos milhões de dólares.

Aqueles de nós que dirigíamos segmentos do negócio que nos obrigavam a lidar com parceiros externos usávamos todos ternos, com calças ou saias, enquanto os responsáveis pela programação e os resultados mais puramente criativos da companhia vestiam-se de modo muito mais descontraído. Eu pertencia aos dois reinos — parecia uma mulher "de terno", mas como ria, falava com franqueza e xingava livremente (o último vestígio de rebelião, um quarto de século mais tarde, contra a minha mãe muito comportada e contra as freiras de minha escola religiosa), também era capaz de parecer "criativa", quando necessário. Como Matthew Perry, representando o principal roteirista em *Studio 60*, série da NBC, disse a Amanda Peet, a chefe da rede na ficção: "Você parece um deles mas fala como uma de nós".

Subjacente ao aspecto "negócio *versus* criativo" de decifrar o código de vestimenta empresarial na MTV Networks, havia uma qualidade não negociável: não importa que tipo de trabalho você fizesse, era essencial parecer jovem. Estou convencida de que um dos meus colegas, executivo sênior na MTV, nunca alcançou seu potencial pleno só porque se parecia demais com um banqueiro conservador — foi vítima de um tipo de teto de vidro moderno que filtra executivos pelo que ele transmite, e não em sexo.

Assim como Mick Jagger (64) e Paul McCartney (65) acreditam que têm de permanecer congelados em uma aparência de homem atraente dos anos 1970, também acreditam os executivos que operam negócios que vendem música, TV e filmes a pessoas da geração de seus netos. Apostaria que perto da metade dos executivos com quem eu trabalhei na indústria do entretenimento — que agora vão dos quarenta a perto dos sessenta anos — pinta o cabelo. Quando se trata de cor de cabelo e de se agarrar como questão de vida ou morte a uma ligeira ilusão de juventude, eles são quase tão levados pelo medo e tiranizados quanto as mulheres.

E isso não é um fenômeno restrito a uma companhia como a MTV Networks, cuja programação é voltada para adolescentes de vinte e poucos anos. Pessoas de todas as idades compram e usam tecnologia digital, mas as indústrias da internet, de softwares e produtos eletrônicos são dominadas por pessoas com menos de quarenta anos. Segundo a Techies.com, a idade média das pessoas que desenvolvem software no Vale do Silício é 24 anos. Um estudo realizado pela National Academy of Sciences descobriu que os trabalhadores mais velhos no setor de tecnologia têm três vezes mais probabilidade de perder o emprego durante períodos de demissões que os trabalhadores mais jovens. E de acordo com um levantamento feito pela revista *Network World*, apenas 13% dos gerentes de tecnologia que tenham trinta anos de idade ou menos contrataram qualquer pessoa com mais de quarenta no ano anterior. As descrições de trabalho no setor incluem palavras como "enérgico", "pensamento flexível", "rápidos", códigos, é claro, para "jovem". E, como uma questão prática, para "não grisalho".

Resolvi investigar se o meu cabelo grisalho seria uma desvantagem caso eu quisesse entrar outra vez para o ramo. Então passei à minha próxima rodada de enganar o mundo real e marquei consultas com os *head-hunters*.

Um deles, Ann Carlsen, uma recrutadora em telecomunicações e tecnologia sediada em Boulder, Colorado, foi bem dura. Ela me disse que se eu estivesse falando a sério sobre entrar outra vez para a força de trabalho empresarial depois de um hiato de dez anos, eu teria de estar preparada para um processo longo e frustrante. "Na sua idade", ela disse, acabando com as minhas esperanças (simuladas) de uma retomada em tempo integral dos negócios, "você deveria ser consultora". Em outras palavras, de acordo com Carlsen, estou fora.

Perguntei-lhe se ela via alguma diferença básica nos tipos de candidatos que as diferentes indústrias procuram. "De um modo geral, cada vez mais as companhias têm como alvo o pessoal mais jovem, então, elas centram sua atenção em contratar pessoas que acreditam que vão pensar como querem. Isso está acontecendo em todas as áreas no nível de vice-presidente para cima." Ela disse que "se enquadrar na empresa" é mais importante na contratação que as habilidades reais. Os clientes não diriam a ela diretamente, é claro, que um de seus candidatos em potencial não havia conseguido um emprego em particular porque era velho demais. "Em vez disso, eles diriam que a pessoa simplesmente 'não se enquadrara bem na cultura'", ou que "é 'qualificada demais'". É claro que "qualificado demais" pode ter um significado real — alguém que ficaria infeliz com a falta de desafios ou autoridade —, mas pode também ser um código para um gerente mais novo que se sente desconfortável com a perspectiva de mandar em alguém mais velho.

Perguntei a Ann se ela conseguia se lembrar de algum caso específico em que alguém que ela tivesse recrutado não conseguiu o emprego porque tinha cabelo grisalho. Claro, disse ela, "acabei de ter um na semana passada. Duas mulheres e um homem se apresentaram", querendo com isso dizer que foram à entrevista com o empregador em potencial. "Uma das mulheres, de 54 anos, usava um lindo terninho, mas não tinha uma aparência legal, vigorosa. Quando pedimos as informações, o cliente disse: 'Adorei-a e adorei a personalidade dela, mas ela não se enquadraria bem'." Carlsen não tinha dúvida de que a principal razão pela qual a candidata não obtivera o emprego tinha sido o cabelo grisalho.

Ann diz que ela não aconselha candidatos quanto à aparência em entrevistas para empregos. Ela acha que é importante que o cliente tenha um sentimento verdadeiro sobre o candidato. Entretanto, se alguém tiver sido rejeitado algumas vezes, eles "tendem a perceber isso por si mesmos. Em geral vão tingir o cabelo se forem rejeitados". Perguntei-lhe se ela achava que a aparência das mulheres era julgada com maior severidade que a dos homens. *Claro.* "As cartas são ainda mais marcadas contra as mulheres mais velhas. Você tem de parecer que malha. Precisa de bons sapatos e acessórios, e de bronzeado. Os homens [que dirigem as companhias] tendem a descartar as mulheres mais velhas como não relevantes. Se o emprego for em vendas ou qualquer área com grande visibilidade, a questão é ainda mais complexa. Se a gente puser duas mulheres candidatando-se para o mesmo emprego em vendas, e uma for loura e comunicativa e a outra menos atraente, não há a menor dúvida sobre como se resolverá a questão, independentemente da posição, da empresa ou do conjunto de habilidades."

Há também diferenças regionais espantosas, estereotípicas, disse ela. Em empresas na Califórnia, "as pessoas com mais de quarenta anos ficam pastando".

Perguntei a Ann Carlsen quantos anos ela tinha e se tingia ou não o cabelo. "Tenho cinqüenta", disse ela, "e retoco minhas raízes a cada três semanas." Ann também confirmou que, entre seus cerca de cem clientes empregadores, para os quais ela conduz mais de 150 buscas por ano, não há uma única mulher de cabelo grisalho.

Pat Mastrandrea, ex-COO do canal por satélite britânico Sky TV, é agora chefe do Cheyenne Group, uma firma de recrutamento de executivos sediada em Nova York que se especializou em colocar candidatos nível-C (CEO, CFO, COO) em empresas de mídia, entretenimento e educação. Ela não tem uma única cliente mulher *ou* candidata com cabelo grisalho. Pat Mastandrea achou que o grau de pressão para parecer jovem depende mais do emprego em particular que da indústria. "Mas eu diria que, em determinados negócios, *é* importante. Eu tive uma candidata que estava no setor de vendas, e um dia ela simplesmente acordou, olhou em volta e se deu conta de que todas as suas colegas estavam com cerca de trinta anos, e seus clientes, com vinte, e ela lá pelos cinqüenta. Percebeu que havia uma falta de conexão, e que ela tinha de mudar de ramo. As posições de venda não aceitam muito bem o processo de envelhecimento."

Perguntei a Pat Mastandrea se ela testemunhara discriminação aberta por idade. "Alguns clientes não têm sequer consciência de sua aversão, nem sabem porque estão discriminando", disse ela. Acho que isso é absolutamente correto, e uma das principais razões pelas quais a discriminação "por cor de cabelo", caso se possa dizer assim, é tão enraizada e disseminada. "Eles não conseguem nem começar a articular o motivo por que [eles acham] alguém não se 'ajustaria'."

No mês em que o artigo sobre meu cabelo apareceu em *More*, Peggy Northrop, a editora-chefe, com 53 anos de idade, escreveu francamente, em sua carta do editor, a respeito de ceder à pressão de tingir o cabelo quando ficasse mais velha.

Uma amiga em Washington, DC, contou-me alegremente: "As mulheres que estão interessadas no poder tingem o cabelo". Eu tinha cerca de trinta e alguns anos e já estava completamente grisalha, mas como eu aparentava trinta (a não ser pelo cabelo)... optei por continuar prateada. Usando o cabelo curto e espetado, e com óculos modernosos e batom vermelho, eu me sentia bem — até, ouso dizer, legal. Aí fiz quarenta anos e fui preterida para um trabalho que eu realmente queria. Pus a culpa no cabelo. Uma vez que eu repentinamente tinha rugas que combinavam com o cabelo, e que estava prestes a caçar um novo emprego, adotei o passo lógico seguinte. Bem-vindos, realces de alta manutenção; adeus milhares de dólares. Envelhecer confiante não é fácil numa cultura em que "novo" e "legal" ainda são em geral sinônimos de "jovem".

Se a mulher responsável por criar a séria revista moderna e reluzente para mulheres com cerca de quarenta, cinqüenta e sessenta anos, e sobre elas, se sente impelida a sucumbir às pressões não declaradas, então claramente nossos temores de que o cabelo grisalho possa limitar nossas oportunidades profissionais não são tolos nem despropositados — tristes e erradas, talvez, mas não sem fundamentos. A percepção se torna realidade.

Umas poucas mulheres corajosas, porém, rejeitam tanto o tabu do cabelo grisalho no conjunto executivo, mesmo na indústria do entretenimento, obcecada com juventude, quanto Lauren Zalaznick, ex-executiva da VH1 e agora presidente da rede Bravo, da NBC Universal Cable — e ela faz isso de maneira espetacular. Lauren tem 43 anos e é completamente grisalha. E se mostrou mais que uma pessoa compulsivamente sincera, sem frescuras, a respeito da sua aparência pouco comum. Quando lhe perguntei se ela estaria disposta a falar publicamente dessa questão ameaçadora, ela agarrou a oportunidade na hora.

Falando sobre se uma pessoa grisalha escolhe tingir o cabelo, ela disse: "Não há um teste mais transparente de autenticidade. A manutenção de cabelo em todos os outros aspectos é de *remoção* — cera, laser e descoramento. Plásticas de seio não são muito notadas atrás de camadas de roupas", o que confunde a questão. "A cirurgia não é muito notada e certamente não é discutida abertamente." Cabelo grisalho no "local de trabalho é *o* ponto de diferença entre homens e mulheres, mais que qualquer outro, em termos de moda obrigatória no lugar de trabalho. Quase sempre sou a mais moça, mas, de longe, a [mulher] mais grisalha em qualquer função em salões de conselho ou de dança."

Perguntei a Lauren se ela achava que a cor do cabelo dela tivera qualquer impacto especial em sua vida profissional. Ela pensou um pouco e então disse que acreditava haver "uma barreira mais alta à boa vontade se não agirmos ou tivermos uma aparência determinada no trabalho — mas há também uma barreira muito alta para a quebra da mediocridade em qualquer área da vida da gente. Muito poucas pessoas correm riscos, mas pessoas que fazem escolhas fora das normas vão mais longe, emocional e materialmente, com o resultado".

Supus que trabalhar para uma empresa conservadora, como a General Electric, seria diferente de trabalhar para a MTV Networks, minha ex-companhia, que opera a VH1. Mas Lauren alegou, intuitivamente, que a GE conservadora era, na verdade, *mais* tolerante com a diversidade de estilo. "Na NBC muitas coisas óbvias são verdade", disse ela. "Há uma tolerância maior para homens baixos, carecas e feios que para mulheres gordas e grisalhas." Lauren, na verdade, é bastante esbelta. "Mas a evidência está lá [na NBC, que], se você pode contribuir, e em todos esses modos sutis de local de trabalho, não afrontar diretamente a sensibilidade das pessoas em relação às normas, então seu trabalho pode falar mais alto que sua aparência."

"Por outro lado," acrescentou ela, "meu cabelo grisalho é apenas mais um exemplo de como sou mal adequada à vida corporativa." Ela me contou sobre uma colega sediada em Nova York que tinha sido promovida para um posto novo na Costa Oeste. "E de repente essa antiga senhora nova-iorquina tinha cabelo louro e fizera um monte de [cirurgias] plásticas. Imagino que se você toma essa decisão, se está disposta a mudar-se para Los Angeles, então você diz para si mesma: 'Minhas despesas de mudança incluem a reforma completa'. É inteiramente normal nesse ramo."

Será que seu cabelo grisalho a torna "memorável" de alguma forma vantajosa? "Acho que não cheguei ao ponto de cultivar uma aparência de Brian Grazer" — o produtor de Hollywood com cabelo preto e espetado — "mas é quase como se eu não achasse que sou bem-sucedida quando tento me adequar." Lauren Zalaznick é do jeito como ela é, e faz seu trabalho, danem-se os torpedos. É claro, não tem uma única colega de trabalho com cabelo grisalho.

Ellen Levine, com 64 anos, é diretora editorial das *Hearst Magazines*, onde trabalha desde 1994. Seu cabelo comprido é branco desde que ela tinha trinta anos, e Ellen observa que a *Hearst* é a única a ter diversas executivas de cabelo grisalho e branco — "a chefe do pessoal, a chefe de comunicações, uma de nossas pessoas sêniores em *marketing*. É um pouco como um clube, e nós meio que nos congratulamos". A *Hearst* tem sede em Nova York. "Acredito que o cabelo grisalho é mais bem aceito em algumas partes do país que em outras. Em Los Angeles," disse ela, antes de eu mencionar minha viagem até lá como uma grisalha novata, "*ninguém* tem cabelo grisalho. Quando estou lá, fico com a impressão de que eles caricaturam uma mulher de cabelo grisalho como uma pessoa com cabelo cortado de modo antiquado, quadrado; um terno matronal; e um automóvel pouco interessante, mas seguro."

Ellen Levine foi recentemente recrutada para pertencer a um conselho empresarial e achou que seu cabelo branco na verdade contou como uma vantagem, porque conotava um sentimento de satisfação e autoridade. A expressão *éminence grise*, afinal, seria "eminência grisalha" em francês, significando "idade como sinônimo de sabedoria e bom julgamento".

Além disso, ela acha que é possível que a duplicidade dos *headhunters* empresariais a respeito de cabelo grisalho que encontrei poderia ser uma racionalização para a preguiça. "Eles estão no negócio de tentar vender pessoas, de modo que podem não tentar muito vender alguém que percebam ser um tanto diferente e difícil de colocar." Contei-lhe que os *headhunters* com quem conversei eram todas mulheres. "Bom, as mulheres são as piores críticas de si mesmas."

Anna Quinglen tem algumas poucas mechas grisalhas no cabelo e não tem intenção de tingi-las. Ela passou a primeira metade de sua carreira como principal repórter e colunista do *New York Times*. "Eu era sempre a menina-prodígio. Adotei o envelhecimento de um modo diferente do que se eu estivesse em outra profissão. Para mim, o cabelo branco sempre foi sinônimo de seriedade, e me preocupei que as pessoas pensassem que eu não era tão séria. Meu marido, Gerry, advogado, uma vez não conseguiu um trabalho porque o cliente queria alguém com 'um pouco mais de neve no telhado'."

Fiquei francamente surpresa com minha pesquisa. Eu esperava que o resultado de minha investigação fosse mostrar que o cabelo grisalho tornava muito mais difícil para as mulheres paquerarem, mas que não teria muita conseqüência direta em relação a emprego. As mulheres, no meu levantamento nacional, partilharam dessa suposição: 35% admitiram que estavam "muito" ou "um tanto" preocupadas que o cabelo grisalho as marcassem como não-sexy, enquanto 19% se preocupavam que o cabelo grisalho diminuísse suas oportunidades de carreira. Mas a verdade no mundo real parece ser exatamente o oposto, pelo menos fora das profissões liberais — medicina, direito, ensino — e para trabalhos não lucrativos. As mulheres enfrentam menores oportunidades profissionais se tiverem cabelo grisalho. Parece haver uma discriminação verdadeira para os empregos, e é a discriminação de um tipo que nenhuma lei — a Lei da Oportunidade Igual para Cabelo Grisalho de 2009? — pode razoavelmente remediar. Talvez algumas mulheres consigam transformar seu cabelo grisalho numa vantagem, mas a energia — e até coragem — necessária para isso é grande.

Não é o cabelo grisalho, é a roupa

FIQUEI PENSANDO QUE IMAGEM os consultores me indicariam com relação às minhas perspectivas se eu propusesse — quer dizer, fingisse propor — entrar outra vez para o mundo executivo como mulher grisalha. (E, aliás, o que diz de nossa sociedade o fato de que "consultoria de imagem" ser uma profissão? Minha mãe perdeu sua verdadeira vocação.) Ao contrário de recrutadores empresariais, que precisam pensar sobre seus relacionamentos a longo prazo com os clientes e minha real experiência e capacidade, o foco dos consultores de imagem estaria pura e indesculpavelmente na minha embalagem.

Ao longo dos anos, sendo uma pessoa um tanto crédula, conheci mais que a minha cota de terapeutas Nova Era, videntes e praticantes de medicina alternativa, que me fizeram pensar sobre sua formação. Ao mesmo tempo que não sugiro que a consultoria de imagem não passe de venda de óleo de cobra mais do que a maior parte dos demais negócios de consultoria, queria me certificar de que encontrara firmas que tivessem seja lá que tipo de credenciais disponíveis. A Association of Image Consultants International é a fonte usada por jornalistas que escrevem sobre esse assunto, de modo que resolvi usar a empresa como meu guia para consultas. Já que eu morava em Nova York, havia, como era de se esperar, um número considerável de firmas em potencial à escolha. Resolvi conhecer três, cada qual em uma parte diferente de Manhattan: uma no Upper East Side, a vizinhança tradicional na cidade, de banqueiros, tipos de Wall Street e senhoras ricas que almoçam; a outra, no Upper West Side, uma vizinhança de liberais dos velhos tempos, profissionais e jornalistas; e outra, na parte sul de Manhattan, no Flatiron District, parte da cidade onde predomina a publicidade, o design e a mídia.

O site da web para Upper East Side proclamava, sem necessidade: "A primeira impressão tem importância", e prometia que eu acabaria passando por uma "transformação pessoal" e iria adquirir um "conhecimento para o resto da vida", sobre como o estilo poderia ser um adendo ao meu poder pessoal.

Coisa astuciosa. Pode botar meu nome.

Antes de ir à minha primeira seção de 250 dólares, exigiram que eu preenchesse um questionário — não apenas sobre idade, peso e cor do cabelo, mas também sobre meu senso de identidade, se eu julgava que outras pessoas me achavam atraente. Hesitei quanto a dar esse tipo de informação íntima para uma organização que eu descobrira on-line. Preenchi o questionário, tentando dar o mínimo de informação possível, e a mais neutra, e ainda assim parecer uma cliente em potencial. Resolvi também ir à entrevista vestida de um jeito que desse o mínimo de dicas visuais possível sobre que tipo de pessoa eu poderia ser: uma simples saia preta evasê, uma suéter de caxemira preta sem adornos, botas pretas sem salto e meias — em outras palavras, um uniforme genérico nova-iorquino.

Era um sombrio dia de inverno, e cheguei ao endereço da companhia, um prédio comum, dos anos 1970, na altura da rua 80-Este — um prédio residencial. Achei estranho aparecer no apartamento de alguém. Mas talvez fosse assim que os consultores de imagem trabalhavam. Então subi ao apartamento.

Fui recebida por Ginger, uma mulher de cerca de trinta anos, que usava um suéter de caxemira estampada como pele de leopardo, com plumas sintéticas arrematando o profundo decote em "V" e os punhos, calças justas de lã preta e botas pretas de salto estilete Manolo Blahnik — uma roupa que teria me surpreendido menos se eu tivesse marcado hora com uma dominadora. Tínhamos estilos dramaticamente diferentes, e minha diva consultora, além disso, estava com um sério resfriado — e eu fico apenas dois pontos abaixo de Hower Hughes no departamento de fobia a micróbios.

Disse a Ginger que estava pensando em voltar a trabalhar em uma empresa depois de quase uma década de trabalho autônomo, e como eu achava que podia estar um pouco desatualizada, queria conselhos sobre como me apresentar. Dentro de minutos ficou claro que ela não tinha sequer dado uma olhadela em minhas respostas cuidadosas ao questionário — nem uma vez se referiu a nenhum dos meus comentários escritos. Estávamos claramente começando com o pé esquerdo.

Ginger parecia entediada por minha *persona* sem incrustações de plumas e agiu como se para ela fosse uma árdua tarefa aceitar meus 250 dólares. Seu modo de entrar numa discussão sobre como "mudar" minha aparência foi puxar um livro publicado pela revista *In Style*. Ela reuniu energia suficiente para sugerir que eu ficaria melhor com decotes em "V", em lugar de golas rulê, porque as golas rulês encurtam o pescoço e "simplesmente não deveriam ser usadas". Naquele momento, eu usava uma falsa gola rulê. Talvez ela pensasse que eu precisava de uns trancos delicados. Também achou que eu deveria usar calças com a frente lisa e pernas retas.

Tudo bem, legal. Aqueles, porém, não eram *exatamente* conselhos que se baseassem em quem eu era, que levassem a uma transformação pessoal que acrescentasse conhecimento duradouro sobre meu poder pessoal.

Finalmente, perguntei se ela achava que eu deveria fazer alguma coisa com meu cabelo — achava ela que o grisalho poderia afastar patrões em perspectiva? A única dúvida que eu tinha quanto à resposta dela era que tonalidade de louro recomendaria.

"*Não*, deixe-o como está", disse ela, chocando-me. Ela achou que a cor do meu cabelo era notável, e se fosse para eu fazer alguma coisa, seria *acentuar* o branco e tornar o corte mais repicado. "Mesmo que você tingisse o cabelo de preto, isso não lhe levaria a parecer ter 25 anos. Estou aqui para fazer as pessoas se sentirem mais confortáveis com elas mesmas, não para reinventá-las. Sou apenas uma pessoa com um olhar novo que pode ajudar a acentuar suas melhores características." Eu tinha me preparado a reunião inteira na suposição de que uma consultora de imagem me diria para tingir o cabelo se eu quisesse ser viável no mercado de trabalho, e fiquei pasma com a informação dessa moça. Como Ginger estava pouquíssimo interessada em mim, vi-me acreditando na sinceridade dela sobre meu cabelo.

Falar sobre cabelo parece que animou a Ginger, e embora ela me informasse que sua empresa não recomendava estilos de cabelo e de maquiagem em especial, passou a me dizer exatamente o que eu deveria fazer. "Ponha um pouco de lápis branco embaixo dos olhos, acentue apenas o canto dos olhos com máscara e use batom NARS Red Lizard." Uma maquiagem com a marca "lagarto"? *Se você está dizendo...* Ela também sugeriu que eu adotasse a paleta de cores pálidas da Carmen — "Sabe, a modelo de cabelos brancos?" — e que eu tentasse fazer Pilates para entrar em forma. E depois, 250 dólares mais pobre, descobri que minha sessão terminara.

Não é preciso dizer que eu estava um tanto descrente da minha próxima entrevista, desta vez com Lauren Solomon, da LS Image, Inc., no Upper West Side. Quando liguei para perguntar detalhes do processo, ela me contou que não havia sistema mágico nesse campo, e que trabalhava tentando descobrir em que momento eu me encontrava na vida e o que queria fazer. Mais uma vez disse-lhe que estava interessada em voltar ao mercado de trabalho depois de um hiato de dez anos para criar os filhos. Sua taxa de quinhentos dólares por uma consulta inicial de duas horas estourou até minha mente nova-iorquina "embotada para gastos ridículos por serviços desnecessários". Mas eu estava ao mesmo tempo profundamente curiosa a respeito do que me proporcionariam quinhentos dólares.

Combinamos de nos encontrar no meio da manhã, em um restaurante de sanduíches de alta categoria na vizinhança da empresa dela; pelo menos eu não estava indo a seu apartamento. Cheguei e me dei conta de que não tínhamos falado uma à outra como éramos, de modo que liguei para o celular dela para dizer onde eu estava sentada. "Ótimo, estarei aí em dez minutos", disse ela, "e você não pode deixar de me ver. Estou usando uma jaqueta de couro dourada." *Ai meu Deus*, pensei, *de que modo posso achar que vou ter alguma dica útil de alguém que usa jaqueta dourada às dez horas da manhã?* Estava antecipando outra experiência semelhante à de Ginger.

Dessa vez eu abandonara o uniforme preto de nova-iorquina e estava usando calça de veludo cotelê azul-marinho, uma camisa branca, um suéter cinzento e meus sapatos Merrell de confiança, de camurça cinzenta. Lauren Salomon, de 46 anos de idade, entrou apressada e apreendeu minha aparência de "acabada de chegar do interior" em um relance rápido, amarelo. Desta vez era ela quem estava vestida de preto. Seu único toque colorido era um fio de contas reluzentes vermelho-rubi em torno do pescoço — na minha cabeça, um acessório para ser usado à noite, mas, devo lembrar, eu também não usaria uma jaqueta de couro dourada. O cabelo dela estava tingido de marrom muito escuro.

A primeira coisa que fez foi me passar dois questionários xerocados de "auto-percepção" e me pedir para preenchê-los enquanto ela pedia um café. Eu tinha de usar três palavras para me descrever, três palavras para descrever como os outros me percebiam e três palavras para descrever como eu gostaria que os outros me percebessem. As três palavras que usei para me descrever foram: "confiante", "competitiva" e "fiel". O que os outros achavam: "confiante," "generosa" e "prestativa". E o que eu queria que os outros achassem: "criativa", "divertida" e "apaixonada".

Lauren Solomon imediatamente focalizou a discrepância inerente — "confiante" e "criativa" podiam estar juntas, mas minhas esperanças sobre o que outras pessoas poderiam ver em mim pareciam contraditórias, diante de meus trajes matronalmente suburbanos. Ela perguntou o que eu fazia antes de tirar a licença, e quando disse que trabalhara na MTV Network, ela me deu uma segunda olhada. Perguntei a ela por quê. "Seus sapatos, eles não combinam com alguém que trabalhou na MTV." *Uau*! Ela era rápida — quando chegou meus pés estavam embaixo da mesa e eu não tinha idéia de que sequer tivesse visto meus Merrells. Embora a conclusão dela parecesse um reflexo, considerei que talvez minha avaliação visual a seu respeito também o fosse.

Perguntei-lhe de seu trabalho. "Descobri que, se a imagem de uma pessoa não combina com o que ela está dizendo, então meu trabalho vai ser muito mais difícil para realmente ouvir o que elas estão dizendo." *Touché*, pensei. Eu teria de passar por cima do meu preconceito quanto aos trajes dela para ver se o que tinha a dizer poderia ser de alguma ajuda. "Minha tarefa", continuou ela, "é ajudar as pessoas a terem adequação externa com relação ao que diz a adequação interna. As pessoas precisam representar sua mensagem."

Ela me disse que começara ajudando amigos a se prepararem para entrevistas de empregos enquanto estava na faculdade de administração, e então começou a trabalhar mais nisso como uma linha colateral, quando se encontrava empregada num banco comercial. Com orgulho, mencionou dois ou três colegas no banco que tinham todas as habilidades exigidas para o avanço profissional, mas que continuavam sendo preteridos nas promoções, e como os havia ajudado. A primeira, uma mulher acima do peso com início de cabelo grisalho, ela reformou — fazendo com que usasse roupas que a emagrecessem e tingindo as madeixas grisalhas.

"Adivinha? Ela começou a ser promovida!" Lauren Solomon fez coisa parecida com o colega homem, com resultados comparáveis, e se deu conta de que tinha descoberto algo.

A história de sua primeira cliente — como a tintura do cabelo grisalho tinha ajudado sua amiga a quebrar uma rotina profissional — fez com que eu me desse conta de que meu fingimento de querer voltar para um emprego corporativo iria me impedir de obter o benefício do discernimento de Lauren para o que realmente acontece na contratação e promoção de seus clientes. Contei a ela o que pretendia fazer.

"Eu sabia que havia alguma coisa", disse ela. "Você parecia muito vaga."

Agora podíamos realmente chegar ao ponto que importava. E acho que talvez essa experiência fosse ainda outra metáfora para como uma cor falsa de cabelo podia atrapalhar as pessoas de terem interações mais diretas, mais produtivas. Talvez quanto mais mostrarmos a verdade no modo como nos apresentamos, mais estaremos inclinados a dizer a verdade em outros assuntos e, assim, a encorajar outras pessoas a serem sinceras com a gente.

Lauren tinha um amplo espectro de clientes, indo daqueles que trabalhavam em serviços financeiros (contabilidade, seguros, investimentos, bancos), a artigos embalados (Pfizer), não-lucrativos (AARP — Associação Norte-americana de Aposentados), entretenimento, direito — e até aconselhava outros consultores como ela. Ela me disse achar que as mulheres podiam se dar bem com o cabelo grisalho nas profissões de serviços se *todos os demais aspectos* de sua apresentação estivessem perfeitamente dentro do estilo. Nesses negócios, disse ela, "você não tem um 'dia de cabelo feio'." Ela também acredita que profissionais desses campos na verdade ganhavam credibilidade se parecessem ter experiência de vida o suficiente para ser capaz de aconselhar bem um cliente. "Já tive clientes nesses campos que na realidade pareciam jovens demais aos quais eu dei óculos e, sim, até em um caso, tingi o cabelo dele [de grisalho] para que parecesse mais velho e mais maduro."

Ao contrário dos *headhunters* com quem eu tinha conversado, Lauren alegou que cerca de 50% de seus clientes dos dois sexos era grisalha. De acordo com ela, esses clientes quase sempre tinham uma sombra de grisalho à qual luzes claras e escuras — faixas artificiais de grisalho escuro ou prata — tinham sido acrescentadas para dar à cor do cabelo alguma "dimensão". Mas, mesmo assim, o efeito geral era de cabelo grisalho. Quis saber se ela poderia descrever algum exemplo de clientes que não conseguiram empregos ou promoção por terem cabelo grisalho.

"Ah, sim. Tive uma cliente com cabelo sal-e-pimenta que trabalhara na mesma empresa publicitária há anos, e que, na entrevista de saída, soubera que fora despedida porque parecia 'conservadora demais'. Essa mulher acreditava que deixar o cabelo ficar naturalmente grisalho à medida que ficava mais velha não tinha sido dito, mas tinha sido uma enorme parte da avaliação de 'conservadora' da administração." Ela disse que a firma de publicidade simplesmente não vira a mulher grisalha "na sala do conselho". A cliente manteve o cabelo grisalho e foi trabalhar, com muito sucesso, para uma companhia de publicidade cujo alvo eram crianças.

"Em outro exemplo, fui contratada pela administração para ajudar uma mulher com cerca de 65 anos que trabalhava numa empresa de internet a fazer uma transição: ela trabalhava por trás da mesa e agora devia falar mais publicamente em favor da empresa. Essa funcionária tinha cabelo branco, e acrescentamos dimensão à cor e demos a ela um novo corte, refrescando sua aparência."

"Na maior parte do tempo, o que descobri foi que as pessoas não se dão conta de que precisamos constantemente mudar. Todos temos de continuar a fazer ajustes e avanços em nossa aparência ao longo dos vinte, trinta, quarenta e cinqüenta anos. O que funciona numa idade pode ser diferente em outra. As pessoas se concentram no cabelo porque é muito mais fácil de se lidar do que moda ou estilo."

Lauren achava evidente quando as pessoas estavam "alourando demais". Disse: "Parece que elas estão encobrindo alguma coisa. Mas você não pode mudar uma coisa e não as outras". Enquanto ouvia, percebi que tinha caído na mesma armadilha. Eu me deixara ficar grisalha, mas não tinha mudado meu modo de vestir ou a paleta de cores. Minha discussão com Lauren me convenceu de que eu teria de reavaliar o jeito como estava vestida.

Quando finalmente perguntei se ela teria sugerido, como minha consultora, que eu tingisse meu cabelo, ela disse que não. O que ela teria feito era trabalhar com quem eu era e apenas melhorar isso. "Um corte mais petulante, a perfeita camisa branca imaculada e uma jaqueta de couro cinza aço ou carvão." Mas não uma jaqueta de couro *dourada*.

Duas consultoras de imagem com estilos pessoais diferentes disseram que meu cabelo grisalho estava bom. Estava ansiosa para ver se ouviria o mesmo em minha entrevista no sul da cidade, com StyleWorks, na Union Square. O questionário prévio à entrevista centrava-se quase inteiramente nos aspectos básicos essenciais do meu estilo pessoal, contendo apenas um conjunto de questões sobre personalidade, pedindo-me para escolher palavras básicas como "enérgica", "profissional", "ousada", "independente" ou "charmosa" para descrever minha auto-imagem. Escolhi "enérgica", "entusiástica", "otimista", "confiável" e "leal", mesmo que no conjunto eu parecesse com um bom cachorro.

Conheci Carol Davidson, a dona do StyleWorks, em seu prédio residencial dos anos 1970 (então, aparentemente, a maioria delas *trabalha* em seu apartamento). Ela tinha cerca de 35 anos e usava calças de couro preto (outra vez o couro), botas pretas sem salto e uma blusa branca com bijuteria turquesa. Fora as calças de couro e as jóias turquesa, estávamos em comprimentos de onda semelhantes. Para essa entrevista, eu me fantasiei ainda pior, usando meu uniforme diário de trabalho em casa — jeans folgados, um velho suéter marrom canelado com gola rulê, os Merrells. Não podia parecer menos uma candidata a uma reentrada num emprego de alto nível numa empresa.

A consulta inicial, em troca do que então me pareceram uns razoáveis 375 dólares por uma sessão de duas horas, começou com uma apresentação personalizada, tabulando e analisando os resultados de meu questionário. Senti-me tranqüilizada porque Carol Davidson tivera tempo de revisar minhas (supostas) questões e meus objetivos. Ela entrou em detalhes quanto às mensagens das cores: como reagimos a valor, intensidade e tonalidade, além das cores particulares. Antes de falar com ela, eu supunha que intuitivamente sabia tudo o que teria a dizer sobre cores — eu estudara história da arte na faculdade, de modo que passara anos pesquisando o jogo de luz e cores em pinturas, e o que cores complementares faziam uma pela outra. Eu me considerava, um tanto esnobe, com o olho treinado e bastante sofisticado. Mas, na verdade, Carol relacionou a cor ao peso e à textura dos tecidos de um modo inteiramente novo para mim, e valioso. Ela me fez passear por uma cartilha sobre tensão da malha, padrões de tecidos, linhas e detalhes de vestimentas. Tinha bons auxiliares visuais que enquadravam diversos estilos diferentes de se vestir: clássico *versus* não-clássico, esportivo *versus* feminino, tradicional e elegante *versus* criativo e dramático.

Ela realmente entendia do que falava e organizou a informação de modo lúcido e útil. Tinha muito sentido. Outra vez comecei a me sentir culpada por ter envolvido Carol sob pretextos falsos — e mais uma vez resolvi na hora que confessaria a verdade. Além do mais, eu passara a me dar conta, ao longo de minhas duas experiências anteriores, que eu *realmente* queria a ajuda dela para elaborar uma reforma pessoal de moda. Não comprara nenhuma roupa nova durante os dez anos que se passaram desde que saíra do emprego corporativo. Em matéria de padrão de comportamento...

Contei a Carol que estava fazendo uma pesquisa para um livro a respeito dos modos pelos quais mulheres escolhem envelhecer, e não realmente tentando reestabelecer-me como executiva corporativa. Confessei que meio *quisera* que ela me dissesse que eu precisava tingir o cabelo se quisesse conseguir um bom emprego comercial, ou que eu deveria "refrescar" minha aparência com alguma cor artificial.

Ela ficou calada um instante. Finalmente disse: "Ah, eu ficaria muito desapontada se você desse alguma indicação de que achava que devia pintar o cabelo. É muito distinto, é uma afirmação forte".

Entre as consultoras de imagens, eu agora tinha três a zero para não tingir o cabelo.

Até falar com Lauren Solomon e Carol Davidson, como percebi, não tinha admitido para mim mesma quanto estava insegura a respeito de como tirar o melhor partido da nova e mais verdadeira versão grisalha de mim mesma. E embora já estivesse envolvida na mentira branca da cor do cabelo, isso não significava que não pudesse ou não devesse prestar atenção a virtudes compensatórias da embalagem em termos de roupas, em que a questão não era tanto de honestidade como de enfatizar, ou talvez até mesmo criar, meu estilo pessoal. Ter o cabelo grisalho não significava que eu não pudesse ter estilo ao mesmo tempo. Era hora de inverter inteiramente a equação pela qual eu estava vivendo. Acreditara que a cor de cabelo e o corte compensavam minhas roupas sem feitio e fora de moda. Agora entendi que a tintura de cabelo não mascarava meu peso a mais ou os trajes descuidados. E Lauren tinha razão — não se pode mudar uma coisa e não ajustar todo o resto. Era hora de trabalhar com o eu completo — usando todos os instrumentos (roupas, sapatos, cor, maquiagem, penteado) disponíveis para apresentar uma visão geral vigorosa e vibrante.

Carol fez com que eu me sentasse à frente de uma janela ensolarada e pegou retalhos de tecidos para determinar que cores me faziam parecer melhor. Era impressionante para mim como as mudanças modestas, sutis, podiam me dar uma aparência muito diferente. Uma tonalidade de verde-amarelado que eu usava regularmente me deixava para baixo e abatida, enquanto uma tonalidade ligeiramente diferente de verde, com um toque de azul, fazia com que meus olhos ficassem brilhantes e saudáveis. Estava com pena de não ter percebido essas diferenças sozinha, mas existe um motivo para contratarmos decoradores para nos ajudar com nossas casas e contadores para calcular nossos impostos.

Passei a entender, sentada ali no escritório de Carol Davidson na Union Square, que roupas e cores que funcionaram quando eu tinha cabelo artificialmente marrom (e louro, e vermelho, e preto) e um escritório no centro da cidade não refletiam com propriedade minha vida ou minhas cores atuais. Quando tingi o cabelo de castanho, eu usava muito chocolate, marrom, ferrugem, vermelho e verde. Ainda tinha aquelas roupas, mas praticamente nunca as usava. Depois de escutar Carol, percebi por quê — em algum nível intuitivo, eu sabia que não iam mais ficar bem em mim. E não era simplesmente porque estavam fora de moda. As cores ricas, escuras, que combinavam com meu velho cabelo escuro, não refletiam meu novo senso de leveza. Minha cor verdadeira era agora monocromaticamente suave e pálida. Eu já não tinha o contraste nítido de cor entre minha pele clara e meu cabelo escuro que exigia o equilíbrio da cor intensa em minhas roupas. Naquele quarto ensolarado na rua 14, compreendi que era hora de jogar fora os velhos tons outonais de âmbar, marrons, ferrugens e musgos e abrir lugar para novos azuis suaves e cinzas — cores que iriam realçar minha nova aparência com cabelo grisalho.

Carol usa as metáforas sazonais do sistema *Color Me a Season* da cosmetóloga Bernice Kentner para encontrar o melhor tom e tonalidade para as peles e cores de cabelos particulares dos clientes. Foi interessante saber que, apesar de meu sentimento de que eu agora poderia ser mais invernal na minha aparência, sou um verão. "A pessoa verão", diz o livro de Kentner, "tem um tom de pele muito claro. Sua palidez é muitas vezes uma grande preocupação para elas porque parecem cansadas e desbotadas nas cores erradas... A pele de verão em geral tem uma aparência transparente. Elas possuem uma aparência delicada, em cores pastéis suaves. Ao usar cores escuras, inadequadas, aparecem círculos escuros sob os olhos, e todas as imperfeições da pele se destacam ... A cor ajuda mais uma pessoa verão do que de qualquer outra estação."

Foi exatamente o que eu vi com tanta nitidez naquela tarde, no escritório de Carol Davidson. Então, azuis, roxos e vermelhos discretos eram tonalidades boas para mim de agora em diante — não mais marrons, ferrugem ou verdes com base amarela. Eu não deveria usar muito estampado, porque agora meu cabelo tinha um monte de "estampado" natural. Saí da SyleWorks com um plano de ação específico, detalhando as seis peças de roupa essenciais (dois pares de calças para três estações, uma preta, uma marinho; um bom vestido azul-marinho; dois pares de jeans com caimento melhor; e uma camisa de seda azul-marinho) que eu precisava acrescentar ao meu guarda-roupa para me pôr de acordo com minha nova cor de cabelo — e acentuá-la — e servir de base para um guarda-roupa diário clássico, bem definido, apropriado à idade.

Todas as consultoras de imagem ofereciam também um serviço em casa, em que ajudavam a reformar o guarda-roupa de modo que a pessoa só ficasse com as roupas que a fizessem parecer legal. Senti-me à vontade o suficiente com Carol depois de minha consulta inicial para convidá-la a fazer isso para mim. Era algo que eu devia ter feito há anos, mas sempre deixava para depois, preferindo mudar os mesmos 75% de minhas roupas perpetuamente não usadas de verão e inverno, estação após estação, de um armário para outro, num ritual bianual tolo, desperdiçando espaço e tempo, em especial em uma casa compacta em Nova York, com armários limitados.

Enquanto eu limava roupas claramente fora de moda e impossíveis de serem usadas antes que Carol chegasse (eu não queria ultrapassar nem um pouco sua taxa de pós-consulta, de 150 dólares por hora), caiu a ficha de que o processo por que eu passara com meu cabelo era análogo ao que agora atravessava com as roupas. As duas experiências estavam relacionadas a olhar para mim mesma e com honestidade catalogar o que eu via: uma mulher de cinqüenta anos que deveria ter cabelo grisalho, que levava uma vida descontraída e cujas prioridades eram, na ordem, família, amigos, trabalho.

Não consegui me separar de meus ternos de grandes ombreiras, calças com pregas, Giorgio Armani ou Calvin Klein dos anos 1990, porque não estava preparada para reconhecer como minha vida tinha mudado completamente. Esses ternos caros, tão duros de ganhar, tinham sido meu prêmio por ter sucesso na escalada corporativa. Eles eram símbolos poderosos de sucesso pessoal e da minha capacidade de cuidar de mim tão eficazmente quanto qualquer homem. Vibravam no meu armário, dizendo que eu sempre poderia voltar. Que alguma vez eu tinha sido alguma coisa.

Pouco tempo depois de ter deixado meu emprego na empresa, eu estava sentada no metrô, no meio da tarde, de jeans e velhos mocassins gastos, pensando, enquanto observava todos os outros desmazelados, pessoas claramente não "profissionais" que estavam no trem comigo, que eu tinha caído na malha. Era um pensamento sombrio em um lugar subterrâneo, escuro e transitório. Ninguém tinha idéia de quem eu era ou de onde eu estava. Era um dia de primavera, e quando emergi em Greenwich Village, a rua estava viva de pessoas e de sol, e tive a revelação de que havia milhões de pessoas vivendo uma vida feliz, não tradicional, desligadas do horário de expediente. Aquele momento foi para mim o início do encontro de meu caminho em um mundo de possibilidades *freelance*, em lugar das certezas. Minha idéia de sucesso mudara: da admissão de realizações externas para o reconhecimento das internas.

A seleção de roupas antes da chegada de Carol foi outro momento desses.

Ao tirar aqueles ternos do armário, percebi que eles tinham perdido seu poder afetivo sobre mim. Não apenas já não me tentavam com seu traço de reuniões e almoços atarefados, mas chegavam mesmo a provocar repulsa. Pareciam batidos, velhos e *pesados*. Eu já não tinha mais um emprego onde usá-los.

Entretanto, quando Carol chegou, ainda experimentei conscienciosamente muitos daqueles ternos para ver se algum deles poderia ser reformado para parecer moderno (eles eram caros demais para serem abandonados sem eu sentir que pelo menos tentara usá-los), mas logo percebi que isso não seria possível. Eu mudara demais — física e mentalmente.

Ao mesmo tempo, retirei um monte das roupas de costureiros que herdara de minha mãe e de minha avó. Por motivos sentimentais, guardara uma porção das coisas melhores delas — ternos Chanel e blusas Yves Saint- Laurent. Com a clareza do momento, vi também que aqueles tipos particulares de roupas de luxo, minha atribuída herança de Kansas City, tampouco correspondiam a meu novo tipo. Por sorte, minha filha mais nova, Lucy, que tem um estilo natural próprio, de "brechó com H&M com antropologia", adorou muitas das roupas da minha mãe e ficou com elas. Quando eu a vejo parecendo estilosa em vez de fora de moda usando os vestidos Chanel de 1966 da minha mãe por cima dos jeans, fico animada — mas não tanto quanto estou por ter me livrado de alguns dos fantasmas do passado.

Não há dúvidas de que eu jamais teria a coragem de encarar as mudanças na minha vida se eu não tivesse sido obrigada a entrar no intenso nível de introspecção que o crescimento do cabelo grisalho me impôs. Quando a Davidson saiu da minha casa naquela tarde, eu dificilmente tinha alguma coisa que pudesse usar, mas estava com boa aparência e *adorei* todos os itens que permaneceram. E assim como me sentira leve e lépida quando finalmente cortei fora os últimos centímetros de cabelo tingido, eu agora senti uma alegria inominável por ter purgado a bagagem dessa moda carregada de uma emoção desnecessária. O sentimento de liberação foi profundo.

A LADEIRA ESCORREGADIA

DESSE MODO DESCOBRI MINHA vaidade interna. Comecei a me dar ao luxo de mergulhar em loção Creme de la Mer — afinal, estou economizando dinheiro ao não tingir o cabelo. Uso um mínimo de maquiagem. Quero parecer bem — uma cinqüentona saudável e bonita. Decidir como devo me apresentar, encontrar aquela linha confortável entre ceder à minha vaidade e manter a autenticidade, isso não é uma questão de adotar alguma doutrina do tipo "tudo ou nada", preto-e-branco.

Não temos de resolver entre ficar sem depilação, sem estilo e toda natural ou ficar tingida, depilada, botoxada, esticada e corrigida cirurgicamente. Cada uma de nós tem de encontrar seu próprio lugar confortável. Mas o lado reforma, ansioso por juventude, da equação é decididamente uma ladeira escorregadia, na qual uma modesta submissão à volta da embalagem pode justificar o passo seguinte, mais radical, e aí aquele outro, e o próximo, e daí por diante.

"Acho", disse meu marido um dia, há nem tanto tempo, muito maritalmente, "que é como a diferença entre reconstruir *versus* manutenção. Raspar ou depilar as pernas e usar maquiagem é manutenção, como realinhar os tijolos. E acho que você poderia argumentar que a cor no cabelo pode também cair nessa última categoria — mas para mim é diferente, porque a cor do cabelo de uma pessoa é tão profundamente notável, sempre presente, e é uma expressão primária do que a pessoa é. A idéia subjacente à cor artificial do cabelo é que o grisalho em uma mulher — mas não em um homem, na maior parte, não ainda — é uma falha, um defeito, um constrangimento a ser escondido, um problema a ser consertado. Para mim, tingir o cabelo é como pintar o tijolo, pedra ou beirais de cedro de uma bela casa velha — não é necessariamente horrível, mas parte da linda essência da coisa real, que é como ela surge enquanto envelhece. É por isso que adoro cidades velhas como Paris e Roma."

Mas o limite não está claro. A reabilitação interior de uma mulher é outra conservação embelezadora. Se o caminho de volta da ilusão cosmética está cheia de conseqüências não previstas, o caminho para adiante também está. Se eu pinto o cabelo, por que não posso arrumar minhas rugas na testa? Se Linda fez uma plástica de sobrancelhas, devo fazer também? E se tiro minhas varizes, por que não uma plástica de barriga? Nenhum exame do envelhecimento e da autenticidade do início do século XXI pode evitar o elefante na sala — a cirurgia plástica. Acreditem, fico constrangida em dizer, sei por experiência pessoal.

Quando fiz quarenta anos, por volta da época em que pintei o cabelo de preto graxa de sapato, minha filha, então com cinco anos de idade, precisou de uma cirurgia plástica para reparar cicatrizes no rosto por causa de um hemangioma congênito que tivera quando bebê. Então lá estávamos, na luxuosa privacidade sedutora do consultório de um cirurgião no Upper East Side. Já que eu estava ali, me sentindo muito quarentona — meu Deus, *quarenta* —, achei de perguntar ao cirurgião a respeito dos pequenos sulcos que tinham começado a aparecer nos cantos de minha boca. Humm, adivinha! Sem nem piscar nem desconsiderar meu momento de vaidade ansiosa, ele disse que poderia "cuidar disso".

O cirurgião e eu certamente não tivemos a conversa "o que você espera com essa cirurgia?", que abre cada episódio do seriado de TV *Nip/Tuck*. Se tivéssemos, imagino que eu teria externado um sentimento vago do tipo "eu só quero parecer melhor". Mas esse cirurgião simplesmente disse que iria me "consertar", e nunca parei para pensar na fonte ou no sentido da minha ansiedade a respeito de uma flacidez minúscula, inevitável.

Em vez disso, pelo preço insano "agora que tenho matrícula de faculdade para pagar" de cinco mil dólares, submeti-me à cirurgia. E por "cirurgia" não quero dizer que vi um bisturi ou suturas, mas, ao contrário, que a gordura que estava sobrando na boca foi "chupada" numa minilipoaspiração feita no consultório. E então, por sugestão do médico, "já que estávamos fazendo aquele trabalho", retiraram um pouco da gordura do meu quadril direito e injetaram nas minhas pregas naso-labiais — ou seja, as rugas que correm das narinas até o lábio. Meu queixo e meu pescoço ficaram com hematomas de uma linda cor de licor *chartreuse*. Em duas semanas os hematomas tinham desaparecido, e a gordura injetada se depositara — e nem minha família nem eu conseguíamos ver um pingo de diferença entre antes e depois da cirurgia.

Ninguém me disse sequer um comentário do tipo "Puxa, você está parecendo bem descansada". É claro, nunca me ocorreu na época que meu cabelo preto de gêmea má desbotasse o tom da minha pele, de modo que eu parecia cronicamente exausta, não importa o que fizesse. Mais tarde, amigas mais experimentadas em cirurgia plástica me disseram que o melhor jeito de maximizar o impacto visível da cirurgia era mudar o penteado ao mesmo tempo. Desse modo as pessoas notavam o cabelo novo sem atribuir sua imagem nova, melhorada, à cirurgia. A necessidade de recorrer a esse truque para mascarar a cirurgia, ao mesmo tempo que chamava a atenção sobre ela, era um estratagema engraçado, distorcido, muito atual. Depois do procedimento, *imediatamente* me senti constrangida pelo meu grau de vaidade. Numa cena que seria muito plausível em um filme de Woody Allen, quando eu estava saindo, vi uma amiga — ou achei que vi — na rua do consultório do médico, então fiquei zanzando pelo saguão até ter certeza de que ela não me veria correr para pegar um táxi. Minha mortificação em pensar que pessoas que eu conhecia pudessem descobrir o que eu tinha feito foi para mim um recado suficiente de que eu atravessara meu limite, em termos do que me era confortável fazer para parecer mais jovem. Até agora, fora minha família, só contei esse episódio para uma grande amiga. Em retrospecto, foi um momento clássico de crise da meia-idade.

E embora eu nunca mais tenha feito nenhuma outra cirurgia plástica, fiz três tratamentos de setecentos dólares com Botox durante o curso de meus 47, 48 e 49 anos de idade. Minha família, as únicas pessoas a quem contei que estava me submetendo a esses tratamentos, insistiu em que as injeções não faziam diferença sobre minha aparência. Afinal, eu resolvi que ele na realidade me fazia parecer ligeiramente pior, um tanto estranha, fora de esquadro, *brilhante*. Minha testa parecia mais saliente, de uma forma não de todo atraente, e a qualquer expressão facial dramática, a *parte de cima* da testa parecia estar *incomumente* enrugada. As rugas não desapareceram; elas só mudaram para o norte. Resisti àquela literal ladeira escorregadia, à tentação de correr atrás das rugas remanescentes e de injetar ainda mais Botox de modo que ficaria perpetuamente, inteiramente, *lisa*.

Assim como em qualquer grande mudança cultural, os velhos estigmas e tabus retrocedem, e os novos valores aparecem mais, um pequeno grupo de pares após os outros. Com relação às mentira cosméticas — primeiro olhe o pó de arroz; depois a tintura do cabelo; esfoliantes da pele; branqueamento de dentes; injeções; e finalmente a cirurgia plástica (e, fica-se imaginando, *depois* o quê?) — minúsculos sinais indicadores individuais daquilo que é aceitável e desejável aparecem entre dez amigas, depois entre cem conhecidas, depois em setores demográficos inteiros. Logo, logo, há um novo normal. No levantamento nacional que fiz para este livro, de quatrocentas mulheres, com uma média de idade de 49 anos, 15% relataram ter feito injeções cosméticas ou cirurgia — provavelmente mais ou menos a mesma proporção de mulheres de meia-idade que, nos anos 1950, quando começou a onda de tinturas artificiais, pintavam o cabelo.

Meu marido e eu tínhamos entradas grátis para uma grande conferência de semana inteira em Aspen, em julho passado, na qual todo tipo de gente influente do governo, dos negócios, de organizações não lucrativas, do ensino e da mídia fizeram palestras e apareceram em painéis. Os presentes pagantes eram quase todos pessoas ricas de mais de 49 anos, homens muito bem arrumados e mulheres que vieram de avião de Los Angeles e outros lugares para passar o fim de semana ou o verão inteiro em Aspen. Enquanto esperávamos a platéia encher, numa tarde, para uma palestra de Bill Clinton, meu marido viu-se estudando o rosto das mulheres, boa metade dos quais fora notavelmente reformada pelos cirurgiões. Ele observou um fenômeno que nunca nos tinha ocorrido antes: como agora *esperamos* que mulheres de 65 e 75 anos da classe alta tenham a expressão facial perpetuamente surpresa da cirurgia cosmética — isto é, como as mulheres mais velhas (ricas) *parecem* hoje —, as mulheres de 45 e 55 anos que tem a mesma distensão facial da pseudo-meninice e olhos artificialmente arregalados são vistas como *velhas*. Que conseqüência inesperada e perversa!

"Se você passar tempo suficiente observando as mulheres nos noticiários da TV e em programas de entrevistas", disse meu amigo Bruce Feirstin, o cineasta, "você percebe que o não natural se torna o novo natural. Não apenas dentes perfeitos — pele 'naturalmente' esticada e sobrancelhas imóveis. Então ninguém pensa mais nisso, a não ser que estejamos falando de sutiãs com taça GG ou casos evidentes de cirurgiões que enlouqueceram."

Afinal, o falecido Peter Jennings, uma personificação da seriedade do jornalismo irradiado, ficou famoso pelos olhos retocados por um cirurgião cosmético. "Em Dallas", disse Bruce, "um cara de quarenta anos olha para um cara de quarenta anos na TV, seja no noticiário ou no entretenimento, que pareça trinta e cria uma nova rodada inteiramente nova de questões quanto à imagem do corpo. Ninguém na TV envelhece; por que você deveria envelhecer?"

Há algum tempo, as mensagens na TV sobre cirurgia plástica eletiva tendiam a ser mais negativas. Quando eu estava na escola primária, vi dois episódios de *Além da imaginação* que me fizeram pensar a respeito da beleza de um jeito que eu não havia ainda pensado. "The eye of the beholder" (Os olhos de quem vê) começa em um quarto de hospital, em 1960, com o rosto de uma mulher jovem completamente coberto de gaze depois de um procedimento de cirurgia plástica. A jovem diz por debaixo da gaze: "Nunca na verdade quis ser linda. Eu só queria que as pessoas não gritassem ao olhar para mim". O médico comenta pensativamente com a enfermeira: "Qual a diferença dimensional entre beleza e alguma coisa repelente? Porque não se permite às pessoas serem diferentes?" As enfermeiras e os médicos giram em torno da paciente, preocupados com um possível fracasso da operação e que ela saia tão feia quanto antes, sem salvação. Vemos apenas as costas das enfermeiras e dos médicos. É deixado ao público imaginar que horrível desfiguração a mulher possa ter. Por fim suas bandagens são retiradas e vemos o rosto perfeito, de uma beleza clássica, do tipo de uma jovem como Grace Kelly/Sandra Dee. As enfermeiras e os médicos estão audivelmente consternados e horrorizados. E então aí, quando eles viram a cabeça, vemos que todos têm horrendas caras de porco. A menina "feia" seria enviada para uma espécie de colônia de leprosos, onde ela e "outras de seu tipo" podem morar até o fim da vida.

Meu outro episódio mais memorável de *Além da imaginação*, "Number twelve looks just like you" (O número doze é igual a você), passa-se num futuro no qual todo mundo com dezenove anos de idade é remodelado cirurgicamente por cirurgiões plásticos para se adequar a um entre alguns poucos tipos físicos ideais. "Que menina jovem", diz Rod Serling na introdução, "não ficaria feliz em trocar um rosto feio por um lindo? Que menina recusaria a oportunidade de ser linda? Por falta de uma estimativa maior, vamos chamar isso de ano 2000. De qualquer modo, imagine um mundo em que a ciência moderna tenha desenvolvido meios de dar a cada pessoa o rosto e o corpo com que ela sonha." A protagonista, outra vez uma mulher jovem, quer manter o rosto com que ela nasceu — um desejo considerado patologicamente neurótico nessa sociedade conformista, adoradora da beleza, obrigatoriamente feliz do século XXI. O pai dela preferira o suicídio a aceitar um dos rostos novos, certificados como belos, mas ela descobre que não tem força de vontade para se opor à pressão social e escolhe o Número Oito, o mesmo que sua melhor amiga. Rod Sterling, como sempre, volta ao final com sua *coda* de narrador: "Retrato de uma jovem apaixonada por si mesma. Improvável? Talvez. Mas em uma era de cirurgia plástica, ginástica e uma infinidade de cosméticos, vamos hesitar em dizer impossível. Essas e outras estranhas bênçãos podem estar nos esperando no futuro — que, afinal, está *Além da*

Imaginação." Esse episódio foi ao ar pela primeira vez em 1964, quando eu tinha oito anos.

Não acho errado ver esses programas como visionários de um modo inquietante. Ainda não estamos lá, mas durante as últimas quatro décadas o mundo real definitivamente tomou a direção de *Além da Imaginação.* Extrapole a linha da tendência, duplique as tecnologias disponíveis e imagine as escolhas e pressões que nossos netos poderão ter de enfrentar...

Wendy Lewis é autora de oito livros sobre beleza, e é provavelmente a mais conhecida consultora em cirurgia cosmética. Ela se autodenomina "técnica da faca". Cobra das pessoas, a maior parte das quais mulheres, 250 dólares por entrevista de uma hora pelo telefone, e até mil dólares por um pacote mais abrangente, aconselhando-as a respeito de que cirurgias cosméticas e injeções devem procurar e em que seqüência, quanto deveriam gastar para as diversas intervenções e como escolher os médicos. Lewis é uma marca altamente generalizada — além de seus livros e consultas individuais, ela oferece uma assinatura anual, por 9,95 dólares, de um boletim trimestral, *Nip & Talk,* dando informações de último minuto sobre o estado da arte, e também fornece uma apresentação "perguntas do leitor" em seu website chamado *Ask the Beauty Junkie* (pergunte à viciada em beleza).

Na época em que nos conhecemos, Wendy tinha 47 anos e era uma altiva publicidade ambulante de sua profissão. Ela falava abertamente de suas plásticas abdominais, do uso regular de Botox, Restylane e colágeno. Um tanto sem jeito, confessou-me que sua filha de catorze anos não queria que as amigas fossem a sua casa depois que a mãe refez os lábios. "Era muito assustador."

Eu fui direta com Lewis e contei-lhe a verdade a respeito do meu livro e da pesquisa que fazia sobre todas as questões envolvidas com o cabelo grisalho. "Se você fosse minha cliente", disse ela no momento em que nos sentamos para tomar o café, "a primeira coisa que eu lhe diria seria para tingir seu cabelo." Mas... *ela é consultora para cirurgia!* "Ele realmente a envelhece. Sua pele não está de todo má, mas seu cabelo envelhece." A sinceridade dela, o jeito como ela via, estava me "autorizando". "Mas acho que a 'autorização' de uma mulher", acrescentou ela, "é outra escravidão eletiva."

Lewis se vê como uma contadora de verdades. Ela não é terapeuta, confessou, e não ultrapassa essa linha, mas disse que, de modo nada surpreendente, suas consultas "são muito íntimas. As pessoas realmente ficam relaxadas". Por outro lado, ela não tem paciência com a cliente que entra querendo "parecer com a Meg Ryan" — um exemplo estranho de celebridade, pensei, dados os procedimentos cosméticos muito discutidos de Ryan. "Devemos trabalhar com o que temos e ser realistas."

Mas ela também vê uma tendência perigosa, essa em que os cirurgiões não rejeitam mais as pessoas. "Se uma cliente pede para fazer alguma coisa, eles dizem 'é, posso fazer isso'," exatamente como o meu cirurgião topo de linha fizera uma década antes com meu procedimento mínimo. "Eles tendem a não pensar: *essa cirurgia combina com essa mulher?* Porque sabem que essa mulher pode ir ao vizinho e obter a mesma cirurgia de algum outro especialista." Lewis quer que seus clientes compreendam o lucro na transação. "Acho que o negócio passou a ser uma *commodity*, com clínicas de laser em centros comerciais. Os tratamentos seguem completamente a tendência geral, o setor da beleza passou a ser franqueado, e eles agora estão no negócio para transformar seus caros aparelhos de laser em dinheiro."

Mesmo assim, é claro, a própria Lewis lucra com a gama de ofertas e a resultante explosão do mercado — ajudar as pessoas a decidirem entre os tratamentos que proliferam, de laser, preenchimento cutâneo e procedimentos cirúrgicos. As mulheres muitas vezes não conseguem articular o que querem ou por que, "de modo que tento ajudá-las a entender qual é o objetivo. As pessoas querem parecer com elas mesmas mais novas — elas sentem que perdem a credibilidade se não parecerem. Mas querem também ser realistas a respeito do que será necessário e do que isso significará. É completamente irreal para as mães de noivas virem a mim três meses antes do casamento e dizerem que querem estar em ótima forma no dia da cerimônia e precisam uma plástica de rosto, plástica de barriga e aumento de peito. Digo que elas só têm tempo para uma coisa, e como as fotografias vão ser muito importantes, então façam o rosto."

Ela diz que tem clientes da classe mais alta, mas fala que, quanto mais ricas, mais vulneráveis são as mulheres à influência de seus pares. "Não é uma correlação pura, mas é mais difícil resistir à plástica se você começa a achar que parece mais velha que seus pares que a fizeram." E "se seu marido vê todas as mulheres em torno dele, em seu conjunto, com a testa lisa e os lábios cheios, então ele vai ficar imaginando por que você também não os tem. Uma vez que todo mundo fez alguma coisa, então pensa-se que não é pouco comum."

Lewis acha que as "mulheres mais vulneráveis ao envelhecer são as mais atraentes — elas confiaram em sua beleza para lhes dar uma margem de competitividade tanto com mulheres quanto com homens, e aos cinqüenta instala-se a depressão. Elas não previram que a beleza iria embora".

Perguntei a Lewis a média da idade de suas clientes. "Em 1997", disse ela, "quando comecei meu negócio, a média era cinqüenta anos. Agora diminuiu uma década — tem gente até de seus trinta anos desejando uma manutenção, e as de dezoito querem mexer nos seios. A clientela da especialidade expandiu-se nas duas extremidades — demograficamente já não há mais limites, a não ser que alguém mais velho não esteja bem de saúde. O número de pessoas no espaço é grande." *Olha aí, Rod Sterling!*

Susanna Moore ajudou-me a conseguir um posicionamento na ladeira escorregadia dos procedimentos cosméticos. Como mencionei, ela trabalhava em tempo parcial como modelo e atriz durante os anos 1960, e hoje, aos 61 anos, continua linda. Uma tarde, durante o chá, perguntei que escolhas ela tinha feito ao longo do tempo. "Fiz uma plástica nos olhos aos 48, depois de ver uma fotografia em que minha sobrancelha estava pendurada por cima do olho." Susanna passou também por injeções de silicone entre as sobrancelhas e em torno dos olhos e da boca, pelo menos seis vezes, quando estava com trinta anos. Ela credita sua testa relativamente sem rugas hoje àquele regime. O Botox nunca a tentou porque a idéia de botar aquele veneno em seu sistema a assustava. Estava completamente consciente da ironia de dizer que não faria um tratamento aprovado pela FDA, a Food and Drug Administration, a agência norte-americana que controla e fiscaliza drogas, alimentos e cosméticos, mas que faria "o tratamento com silicone hoje, se fosse legal". "Uma vez botei Restalyne nos lábios e ficou grotesco. Fiquei parecendo um macaco. Na verdade", ela acrescentou, "tornei-me uma espécie de anticirurgia plástica, e estou velha demais. Você deve fazê-la cedo, e fico contente por ter feito meus olhos na época em que fiz, porque hoje eu acho que apareceria." Perguntei se suas amigas tinham feito cirurgias plásticas. "Sim, todas elas, e diversas fizeram várias vezes — e isso é muito penoso de se observar." Ela deu um gole no chá. "Acho que minha vaidade passou a ser proclamada por *não* fazer nenhum desses tratamentos. Agora sou vista como vaidosa por *não* fazê-los."

É COISA DE HOMEM TAMBÉM

No momento, é mais fácil para os homens decidirem se tingem ou não o cabelo. Anderson Cooper, o âncora da CNN, com quarenta anos de idade, escreveu e tirou proveito notoriamente do tema de ter cabelo grisalho como homem mais para jovem, atraente. "Não entendo, mas o cabelo grisalho faz um monte de gente ficar louca", escreveu ele em *Details*.

Outra coisa que acontece quando se começa a ficar grisalho: passa-se a avaliar todos os demais homens grisalhos ...
Isso pode se transformar em um tipo de obsessão. Durante um tempo, toda vez que eu via Phil Donahue, eu tinha de me tranqüilizar: tudo bem. Não estou tão grisalho quanto ele ...
É claro que é possível tingir o cabelo. Muita gente tinge, mas se quiser saber a minha opinião, estará também apregoando seu desespero.

Por que simplesmente não usar um *button* dizendo: "Sento-me em um salão uma vez por mês com papel laminado no cabelo?".

Pode-se também tentar tingir o cabelo em casa, mas será que não há algo de triste em trancar-se habitualmente no banheiro e distribuir pintura em suas mãos que tremem, como algum viciado velho?

Meu conselho? Entregue-se ao grisalho.

Ele estava se dirigindo a homens, é claro — homens que lêem a revista *Details*, mas, mesmo assim. "Entregue-se ao grisalho" ainda é um conselho banal, de bom senso, e uma escolha bastante fácil. Para os homens, o velho normal ainda é principalmente normal. Nosso duplo padrão com respeito ao cabelo grisalho é, a essa altura, muito mais extremo do que no que se refere ao comportamento sexual ou ao trabalho fora de casa.

De fato, o cabelo grisalho de Anderson Cooper tem sido uma vantagem para ele, emprestando-lhe a imagem de seriedade de que Anna Quindlen falou, e, como era tão pouco comum ver alguém de sua idade com cabelo grisalho, uma diferenciação marcante, positiva — se ele é tão "real" com relação à sua aparência, deve estar falando a verdade nas notícias. Não há dúvidas de que ele teria menos autoridade como âncora se tingisse o cabelo.

E funciona para homens mais velhos também. Steve Edwards, o antigo âncora local de Los Angeles, que dá notícias-padrão, simplesmente falsificou seus cabelos castanhos durante anos — mas há pouco tempo, depois dos sessenta, ele parou de tingir, e agora está inteiramente branco. Ficou com uma aparência muito melhor — não apenas "distinto", porém mais real, confiável.

Fez-se muita onda com o cabelo prematuramente grisalho de Talylor Hicks, de trinta anos, vencedor do programa *American Idol*. Durante a audição inicial de Hicks, Simon Cowell disse-lhe que ele jamais chegaria à etapa final — porque, segundo Cowell, ele simplesmente não tinha a aparência de um jovem cantor popular. Mas, no caso, o cabelo do Hicks complementava perfeitamente sua doideira tipo Joe Cocker, e o público votante achou o pacote todo — maneirismos desajeitados, leve barriga, voz grave de Alabama e cabelo grisalho — refrescante de tão autêntico. O grisalho, que do ponto de vista visual o diferenciava de qualquer outra pessoa que já aparecera no *American Idol*, dava-lhe uma vantagem competitiva.

Quem acha que George Clooney, Jon Stewart, o zagueiro do Green Bay Brett Favre, Richard Gere, Mark Harmon, Kris Kristofferson, Paul Neuman ou Steven Martin não são sexies? Nenhuma mulher no mundo diria a si mesma, *eu namoraria o Clooney se não fosse aquele cabelo grisalho — ele parece velho demais.*

O que não quer dizer que os homens não se importem com o cabelo. No meu levantamento, os pesquisados homens gastavam, em média, cerca de mil dólares em cuidados com os cabelos, e um bom quarto deles disse que não gostava de seu cabelo (contra 20% das mulheres). Mas é complicado para os homens. A revista *GQ* publicou um número em 2005 intitulado "Grisalho é o novo preto" — mas tinha também homens que escreviam para o conselheiro de estilo, perguntando se deveriam tingir o cabelo grisalho do peito. Então, o que um homem tem de fazer?

Não obstante todo o padrão duplo associado ao envelhecimento — cabelo grisalho em homens é *distinto*; uma barriguinha pode ser muito *sexy* —, acho que vai ficar cada vez mais desafiador para os homens resistir à tsunami de *marketing* que vem em sua direção. De acordo com um relatório de pesquisa de mercado da Mind-Branch, o mercado de cuidados de cabelo em casa vale 1,54 milhões de dólares, e como o mercado feminino está saturado, os produtos de tingimento de cabelo para homens é o segmento que agora cresce mais rapidamente.

A *Grecian Formula*, introduzida em 1961, mais ou menos ao mesmo tempo que o mercado feminino para tingimento de cabelo em casa disparava, é a herdeira da publicidade, mas hoje em dia o mercado está cheio de produtos — Clairol Men's Choice e Natural Instincts Color Lines, Reken's for Men's Color Camo, L'Oréal Color Spa for Men, Garnier Nutrisse, Herbal Essences, Pinaud-Clubman, GreyBan Anti-Grey Solution. A líder do mercado, *Just for Men*, recentemente associou-se à *Maxim* — a bem humorada revista masculina agressivamente antibesteira, de mulher nua, com leitores de meia-idade com apenas *vinte e sete* anos —, para apresentar o tingimento de cabelo que tem como alvo o grupo jovem.

E na outra noite, enquanto eu fazia o jantar e olhava o *NBC Nightly News*, a seguinte mensagem me fez parar no meio do ato de descascar uma batata: "*Just for Men* impede que seu cabelo esconda quem você é".

O quê?

Já estava acostumada a bloquear mentalmente as publicidades de osteoporose, disfunção erétil e menopausa que entopem as notícias vespertinas (e que são lembretes de que as pessoas com mais de cinqüenta anos são as únicas que *assistem* às notícias). Mas não podia acreditar que um publicitário agora dissesse diretamente aos *homens* que apenas por terem cabelo grisalho eles não eram *eles mesmos*. Durante o *60 Minutes* daquela mesma semana, eu ouvira uma variação diferente da propaganda do *Just for Men*: "Quando é um grande evento, ela vê o cabelo grisalho ou o você verdadeiro?" "Continue no jogo." *Será que as mulheres não vêem Patrick Dempsey como "no jogo"?*

Existe uma idéia prevalecente na nossa cultura de que é impossível os homens acharem as mulheres grisalhas atraentes, e agora, com essa campanha, *Just for Men* está usando a imagem negativa para manipular os homens no sentido de acreditarem que isso também vale para eles — e desempenham a tarefa insistindo em que a mentira da cor artificial é na verdade um caminho para uma verdade mais profunda. Cerca de 70 milhões de homens norte-americanos têm mais de 35 anos, e, de acordo com pesquisas das indústrias, 13 milhões tingem o cabelo — quase um em cinco. Até em Raleigh, Carolina do Norte, uma cidade do mais puro Meio-Oeste, o dono do salão de cabeleireiros Blo diz que 35% de sua clientela masculina agora tinge o cabelo.

Sertac Ozrulay, colorista no elegante salão de seu pai em Washington, DC, me disse que era o homem incomum que *gostava* de ter o cabelo tingido no salão. "É público demais. Chris Matthews" — o louro com 61 anos de idade é um dos clientes de Ozrulay — "é um dos poucos que parecem não ter problemas com as pessoas o verem aqui." Ozrulay diz que, em meio à clientela deles, a maior parte dos homens tinge o cabelo durante cerca de cinco anos, e depois simplesmente pára — a manutenção é muito trabalhosa. Alguns de seus clientes exigem que ele deixe o que chama de "Paulie de A família *Soprano*", as mechas brancas laterais nas têmporas para fazer com que pareçam mais naturais. *Estão falando sério?* "Devo confessar, no entanto, que do ponto de vista financeiro, é ótimo ter homens que tingem o cabelo."

E os homens que tingem o cabelo tendem a fazê-lo com maior freqüência que as mulheres, porque cortam o cabelo com maior freqüência e porque querem evitar o aparecimento de qualquer raiz grisalha, alcançando desse modo uma cor real mais convincente. Ao contrário das mulheres, para quem se permitem cores ao longo de um amplo espectro, entre aparência autêntica e obviamente não real, quase todos os homens tingem o cabelo como pura falsificação — apenas seus cabeleireiros (e talvez suas mulheres) saibam com certeza. Nesse reino, os homens são as mulheres de uma geração atrás. Os homens sentados num bar ou no café do escritório simplesmente não estarão falando de suas fabulosas novas cores de cabelo.

A não ser que sejam homens como, digamos, o designer de moda Isaac Mizrahi. Quando falei com ele, descreveu-me como começou a tingir o cabelo dois anos antes, aos 43 anos, depois de alguém sugerir que ele tornasse seu cabelo natural, castanho escuro, mais rico. Ele me disse que "o que eu quero em seguida é descolorir meu cabelo para uma maravilhosa cor de noz. Marcello Mastroiani usava-a em *A décima vítima*, e, desde que eu vi o filme, quero ficar igual". Mizrahi acredita que os homens estão tingindo o cabelo agora "porque *podem*. Chegamos ao ponto em que os homens cuidam das crianças, e podem chorar, de modo que podem também tingir o cabelo."

Um dia eu estava visitando o meu amigo Jeff, o autor para televisão alucinadamente heterossexual que de vez em quando também aparece na TV, e encontrei um *Just for Men* jogado fora na cesta de papéis do banheiro. Ele não tem vergonha de tingir o cabelo e adora discutir todas as nuances de cor comigo.

Estranho, não é? À medida que as mulheres se tornaram mais legal e socialmente "iguais" aos homens durante a segunda metade do século passado, tingir o cabelo grisalho se tornou cada vez mais obrigatório. E agora há uma estranha condição esgueirando-se da outra direção, à medida que mais e mais homens se sentem obrigados a dizer a mesma mentira que as mulheres, ao tingir o cabelo.

Para mim é desconcertante que os homens estejam sentindo essa pressão e que sejam cada vez mais incentivados por obra do *marketing*. Meu pai e meu sogro tinham, os dois, belas cabeleiras brancas (além de posturas extremamente autoconfiantes), e cada vez que um deles entrava numa sala, as pessoas muitas vezes se viravam e os estudavam, como se eles fossem famosos — *senador ou governador fulano*, eu sempre imaginei que as pessoas estavam pensando. Ao contrário, a cor artificial nos homens tende a deixar exatamente a impressão oposta. Hoje, como o cabelo grisalho ainda não é inaceitável para os homens, aqueles que tingem o cabelo e não o admitem — como o sincero Jeff, —, parecem bastante desesperados, como os retratos aflitivos pintados por Anderson Cooper.

Uma vez, num jantar em Manhattan, eu estava sentada ao lado de um famoso e vigoroso escritor, na época com 77 anos, e ao contar a ele a respeito deste livro, ele me perguntou, com a maior seriedade: "Você acha que há *homens* fazendo isso?". Tentei não olhar para seu cabelo com uma artificial nuance cor-de-rosa, e simplesmente disse: "Bem, sim — acho que se surpreenderia pra valer ao saber quem está tingindo o cabelo".

CÁLCULO DO NÍVEL EM QUE VOCÊ ESTÁ – O ÍNDICE DE FONTE DA JUVENTUDE

LEMBRA DE COMO ADMITI, durante os 24 anos em que tingi o cabelo, que tive o cuidado de nunca calcular a despesa? Lembra que quando finalmente fiz o cálculo fiquei horrorizada ao descobrir que gastara 65 mil dólares? Não é que durante aqueles anos minha renda não tenha variado loucamente — variou. Com exceção dos meus últimos anos na Nickelodeon no início dos anos 1990, eu não ganhava muito dinheiro. Mas apenas fazer com que meu cabelo tivesse a melhor aparência — e por "melhor" eu queria dizer "não grisalho" — era sempre inegociável, estava fora de questão independentemente da minha renda.

Eu não estava sozinha. Descobri no meu estudo (que incluía gente com idades que variam dos vinte aos 82 anos na Califórnia, Wyoming, Kansas, Missouri, Indiana, Ohio, Pensilvânia, Nova Jersey, Nova York, Connecticut, Massachusetts, Maryland, Geórgia e

Flórida) que mulheres que ganhavam entre 25 mil e 50 mil dólares (por ano) gastavam uma média de sessenta dólares por mês só para tingir o cabelo — no entanto, as mulheres na faixa de 200 e 250 mil dólares gastavam apenas um pouco mais, em média setenta dólares. Ou seja, as mulheres nas faixas econômicas média e baixa gastavam quase tanto quanto as que estavam extremamente bem de vida — quase 3% de sua renda ia para tingir o cabelo. Isso é um exemplo nítido daquilo que a economia chama de "inelasticidade" — uma dinâmica de gastos em geral limitada a artigos essenciais como alimentos, remédios e transporte.

Perguntamos aos pesquisados do levantamento, caso o dinheiro na residência deles fosse curto, estariam dispostos a abrir mão de quais luxos para continuar a tingir o cabelo? Daqueles que responderam a essa pergunta, a grande maioria disse que estaria pelo menos um pouco disposta a abrir mão de coisas como comer em restaurantes, ir ao cinema e comprar roupas novas ou um carro novo *antes* de abrir mão de tingir o cabelo.

Meu investimento em *tempo* para tingir o cabelo também foi enorme — três a quatro horas por mês, ou mil horas ao todo, durante vinte anos. (Mais ou menos o mesmo tempo que gastei neste livro, o que pelo menos constitui uma bela simetria.) Descobri que a mulher média, no meu levantamento, gasta ainda mais tempo, 7,9 horas por mês, pintando o cabelo — contra 7,8 horas por mês fazendo sexo.

No levantamento, pedi a cada mulher que calculasse quanto tempo e dinheiro ela gastava por mês no seguinte: aulas de exercícios, ginástica, treinamento pessoal, equipamentos de exercícios/esportes, roupas para exercícios, massagem/trabalhos de corpo, maquiagem, depilação, produtos anti-envelhecimento, cremes para celulite, cremes faciais, procedimentos dermatológicos (microdermoabrasão, Botox, preenchimentos, tratamentos com laser etc.), cremes para a pele, xampus, condicionadores, penteados em salão — e é claro, tingimentos em salão e em casa.

Totalizei as respostas, agrupando-as de acordo com a quantidade total de dinheiro e de tempo que as pesquisadas do estudo gastaram fazendo com que elas tivessem boa aparência e se sentissem melhor. Isso resultou em quatro grupos básicos de estilo de vida — que eu chamei de Céticas, Executantes, Seguidoras e Preservadoras.*

As Céticas gastam a menor quantidade de tempo e dinheiro em sua aparência pessoal. Elas são as que têm maiores dúvidas ou são mais indiferentes às promessas feitas pelo *marketing* quanto a produtos para as tornarem louras, reluzentes e parecerem jovens. Elas querem ter uma boa aparência, mas com o mínimo de preocupação e esforço. Se fossem um carro, seriam um Saturn ou um Prius. Um terço das Céticas é divorciada ou viúva. São advogadas, pesquisadoras ou educadoras; têm a menor média de renda; preocupam-se principalmente em cuidar dos pais à medida que eles envelhecem; e dedicam o mínimo de tempo a exercícios (uma média de 25 horas por mês), com tingimento do cabelo (três horas por mês) e com penteados (menos de cinco horas por mês); e, no entanto, ainda gastam consideravelmente em tingimento de cabelo, uma média de 37 dólares por mês. As Céticas tendem a preferir ser morenas. As mulheres mais velhas que admiram são ícones clássicos, como Joanne Woodward e Diane Keaton, e são o único grupo que listou seus maridos como os homens grisalhos que admiram. Além disso, acham que é errado que algumas profissões exijam uma aparência jovem. As Céticas podem ser um pouco santarronas a respeito de sua "pureza" e tendem em geral a ser o oposto de esnobes.

As Executantes, batizadas assim porque dedicam muito tempo a exercícios e atividades de preparo físico, centram-se mais nos bene-

---

* Acesse www.AnneKreamer.com/book_surveyintro.htm. para descobrir o que você é.

fícios dos exercícios para a saúde do que na beleza. Se fossem um carro, seriam um Saab ou um Audi — alto desempenho, desenho elegante, estilo europeu. São um pouco mais velhas que a média das pesquisadas, com uma média de idade de 53 anos, e apresentam maior probabilidade de serem casadas. Sua classificação ocupacional é do tipo artista, *chef* e massoterapeuta. A renda média é a segunda mais baixa dos quatro grupos — mas, ao contrário das Céticas, relativamente sedentárias, elas apresentam uma média de *sessenta e duas* horas de exercícios por mês. As Executantes gastam mais tempo que dinheiro para parecer mais jovens. Elas são as primeiras a adotar os novos regimes de preparo físico — fazem Pilates, ioga, treinamento com pesos e exercícios cardiorespiratórios todas as semanas. As mulheres mais velhas que admiram são, a de preparo físico agressivo e empresária Madonna, e a agressivamente autêntica Jamie Lee Curtis, o que não é surpreendente. Como as Céticas, as Executantes acham que é uma pena que algumas profissões exijam uma aparência jovem. O preparo físico pode ser um narcótico para as Executantes, e, se não tomarem cuidado, poderão se tornar evangélicas pedantes em suas opiniões sobre saúde.

As Seguidoras são as mais jovens dos quatro grupos — idade média de 43 anos — e possuem recursos financeiros, mas aparentemente não têm tempo, paciência ou força de vontade para investir as horas que as Executoras gastam em atividades atléticas. Chamo esse grupo de Seguidoras porque elas parecem ser as mais influenciadas pelas imagens e informações da mídia. A maior parte das Seguidoras se autodescreve como donas-de-casa. Sua renda familiar média é a mais alta, e 90% delas moram nos subúrbios. As Seguidoras lêem vorazmente revistas. Estão sempre atualizadas e adotam a maior parte das técnicas "jovem para sempre" — em muitos casos, traçando os limites apenas para medidas extremas, como plásticas completas no rosto. Se fossem um carro, seriam um Lexus. Gastam o mínimo em exercícios

— dezenove horas por mês. Gastam também o mínimo em tingimento dos cabelos no salão, 28 dólares por mês — em grande parte, parece, porque são quase uma década mais jovens e menos naturalmente grisalhas que as outras. Mas quando tingem, ao contrário das Céticas e das Executoras, a cor preferida é o louro. As pessoas mais velhas que admiram são Diane Sawyer e Sean Connery. E não se importam se algumas profissões exigem uma aparência jovem.

As Preservadoras são o grupo mais velho, com uma idade em média de quase 54 anos. E a maior parte é casada. Trabalham como decoradoras, agentes de *marketing* e executivas de publicações. Sua renda é a segunda mais alta, e elas moram nas cidades. Se as Preservadoras fossem um carro, seriam um Jaguar ou um Porshe — aparência impressionante e manutenção alta. Gastam o segundo maior tempo em exercícios (26 horas por semana) e mais que qualquer outra pessoa em tingimento do cabelo, quase noventa dólares por mês — com uma cor decididamente preferida, como as Seguidoras: o louro. As Preservadoras, assim chamadas porque vão aos mais distantes limites para preservar uma aparência jovem, fazem mais que apenas ler a respeito das mais novas técnicas anti-envelhecimento — elas marcam plásticas no rosto e no abdome durante as férias. Correm o risco de se tornarem fanáticas por cirurgias cosméticas. As mulheres mais velhas que admiram são Jaclyn Smith e Lauren Hutton. Do mesmo modo que as Seguidoras, acham normal que algumas profissões exijam aparência jovem. Únicas entre os quatro grupos, as Preservadoras mencionam especificamente "ficar grisalha" como temor principal ligado ao envelhecimento.

Entre parênteses no gráfico abaixo estão as percentagens da amostra total que cada grupo constitui. Combinadas, essas percentagens chegam a apenas 68% porque os outros 32% de pesquisadas não caíram claramente em um único grupo, mas, ao contrário, incorporam "misturas" de características de mais de um grupo.

Seguidoras 15%	Preservadoras 9%
Céticas 29%	Executoras 15%

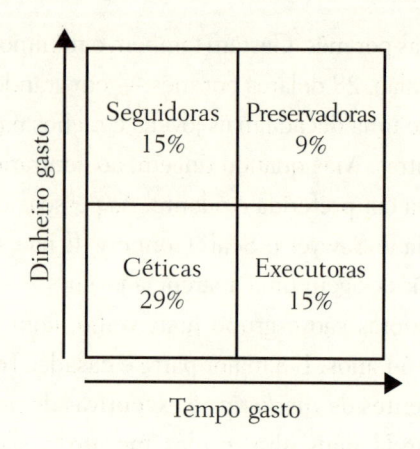

Dinheiro gasto → (eixo vertical)
Tempo gasto → (eixo horizontal)

Existem, é claro, limites difusos e fluxos entre grupos adjacentes. Por exemplo, fiz minha própria pesquisa duas vezes, uma quando comecei a ficar grisalha, aos 49 anos, e depois outra vez, quando já tinha quase 51 anos. Na primeira vez que respondi ao questionário, quando ainda tingia o cabelo a cada três semanas, saí como uma sólida Seguidora, porque estava gastando tanto dinheiro em produtos puramente estéticos e atividades como tingimento de cabelo e visitas ao salão e tratamentos com dermatologista, e não muito tempo com exercícios como ioga e caminhada. Na segunda vez que respondi ao estudo — depois de parar de tingir o cabelo e começar a ir à academia várias vezes por semana, quarenta horas por mês —, eu era uma Executora. Era interessante notar que, no meu estudo, esmagadores 97% dos pesquisados responderam que prefeririam ser magros e grisalhos que estarem acima do peso com cabelo tingido. Essencialmente, esforcei-me para tornar a escolha hipotética verdadeira.

AS FRANCESAS FICAM GRISALHAS

PENSANDO EM TODOS OS SACRIFÍCIOS que nós, mulheres norte-americanas, fazemos em prol de tentar manter alguma semelhança com a juventude tive curiosidade de saber se a história é diferente na Europa, em especial na França.

Eu sou *tão* norte-americana, e desejaria *tanto* ser um pouco mais francesa. Depois de marinar meu eu de jovem adulta em livros como *Chéri*, de Colette, e *Bom-dia tristeza*, de Françoise Sagan, e nos filmes de Catherine Deneuve, Isabelle Adjani e Juliette Binoche, um certo tipo de mulher francesa se tornou meu padrão de fato, e em comparação a ele meço qualquer tipo de sensualidade feminina. As mulheres francesas, para mim, eram tudo o que havia de elegante e lindo sem grandes artifícios, mulheres que podiam fazer um homem desmaiar com o menor arquear de sobrancelha ou a menor batida de cinza de cigarro.

Karl é um executivo de mídia norte-americano, de 38 anos de idade, que passou os últimos quinze anos morando entre Grécia,

Noruega e Grã-Bretanha. Quando perguntei-lhe o que as mulheres européias faziam para manter uma aparência jovem, ele brincou, "fumam cigarros".

O sucesso de *French women don't get fat* (Mulheres francesas não engordam), de Mireille Guiliano, com mais de um milhão de livros vendidos só nos Estados Unidos, exemplifica claramente que eu partilho o mesmo desejo com muitas de minhas pares. A mensagem de Mireille Guiliano reforçava a imagem da mulher francesa sofisticada e sensual, e também, na verdade repercutia em minha figura recém-grisalha. O mantra dela para encontrar prazer em tudo o que você faz e saborear profundamente as coisas boas (chocolate amargo fino, de alta qualidade, em vez das barras horríveis, de baixa qualidade, cheias de calorias) e sensuais (a inebriante fragrância de alecrim fresco) me parecia intuitivamente correto. Todo o seu senso de "menos é mais" encontrou em mim uma adepta disposta. E, como nova-iorquina, eu já caminhara por todos os lugares, como ela recomendou.

Achei que se alguém tivesse uma idéia sobre o modo que as mulheres francesas escolhem para envelhecer, que deve ser diferente da maneira escolhida pelas norte-americanas, este alguém seria ela. Quando Mireille Guiliano estava em uma turnê promocional de seu segundo livro, *French women for all seasons: a year of secrets, recipes, and pleasure* (Mulheres francesas para todas as estações: um ano de segredos, receitas e prazer), trocamos os seguintes e-mails:

ANNE: Mireille, as francesas tingem o cabelo?

MIREILLE: A França é o país dos cabeleireiros. O número de *salons de coiffure* é incrível. Praticamente cada quarteirão na cidade tem um salão ou mais, e cada aldeiazinha possui um ou dois. Em nossa pequena aldeia de 1.500 pessoas na Provença há dois. Perto de nossa casa, no coração de Paris, há pelo menos 25 no espaço de uma caminhada de cinco minutos. Ir ao cabeleireiro é rotina. Eu gostaria de dizer semanalmente, embora não para todo mundo, mas para muitas pessoas é. E embora os preços sejam razoáveis, se comparados aos dos Estados Unidos (efeito da concorrência, sem dúvida), todos os tipos de produtos e coisas — óleos, cremes, cores, cortes e técnicas — são oferecidos (e bastante empurrados). Evidentemente o cabeleireiro faz uma porção de sugestões e com certeza promove o tingimento do cabelo, que é muitíssimo lucrativo. Desse modo, juntando tudo o que eu disse, as mulheres francesas tingem o cabelo rotineiramente — talvez começando aos vinte anos, para mechas da moda ou tonalizantes, e certamente quando o grisalho aparece, para eliminá-lo. O tingimento parece ser feito tanto para parecer mais elegantemente individualista ("bonita" não é a palavra certa ... para parecer "bem", é claro, mas parecer "ímpar" pode ser uma palavra melhor) e, à medida que se envelhece, para "congelar o tempo". Há uma expressão e um período na França sobre a qual eu escrevo em *French women for all seasons* chamada *entre deux âges*, literalmente, "entre duas idades", ou uma idade ambígua. É lá que a mulher francesa madura batalha para situar-se.

Eu sei que mulheres bem conservadas, elegantes, com cerca de cinqüenta e sessenta anos que ficam grisalhas se destacam. O cabelo delas passa a ser uma afirmação de moda. E sei que os cabeleireiros manipulam as mechas grisalhas para que as pessoas e seus cabelos não pareçam nem artificialmente jovens nem velhas, mas talvez *entre deux âges*.

ANNE: Você acha que as mulheres francesas pintam o cabelo com a mesma freqüência que as norte-americanas? E elas usam cores parecidas ou diferentes?

MIREILLE: Sei que, estatisticamente, 54% das mulheres norte-americanas tingem o cabelo, mas não sei bem o que isso significa. Penso que seja algo em torno, provavelmente, de 90%. Entre as mulheres com cerca de vinte anos, provavelmente uma percentagem ínfima. De qualquer modo, não conheço as estatísticas francesas, mas suspeito que sejam maiores que as dos Estados Unidos.

As cores de cabelo realmente são diferentes na França. Para começar, vê-se muito mais vermelhos cenoura e um pouco mais de vermelhos mogno. Em geral, não se vê nem de longe tanto louro. A França não é um país de louras de olhos azuis, tampouco são as louras de olhos azuis o aparente objeto de inveja de mulheres e homens. Lembro de me falarem que quando a versão francesa do programa de auditório *Wheel of Fortune* (Roda da Fortuna) apareceu, tinha uma imitação de Vanna White, e a coisa não funcionou direito até trocarem a apresentadora por uma morena. O cabelo castanho é a norma na França.

ANNE: Existe alguma percepção de sua parte de que os homens franceses vêem as mulheres de cabelo grisalho como menos atraentes ou menos sexualmente desejáveis?

MIREILLE: Bom, pelo que posso dizer, o cabelo grisalho não é um fator muito preponderante. Os homens franceses são menos seduzidos pela juventude que os homens norte-americanos, e flertam com mulheres de todas as idades. Mulheres francesas de "uma certa idade" certamente ainda são consideradas sexualmente desejáveis.

ANNE: Não tem importância ou talvez seja até uma vantagem?

MIREILLE: Existe uma percepção, segundo me disseram, sobre a qual eu leio e observo. Dentro de certos limites, os homens franceses preferem mulheres "tarimbadas" às jovenzinhas. É a idéia da experiência e de saber quem são e o que querem, e que estão *bien dans sa peau* (sentem-se bem sendo o que são), isso é sedutor. Diz-se que isso as faz mais predispostas ao prazer e mais apreciadoras dele, sem as complicações da juventude. Desse modo, o cabelo grisalho pode ser uma vantagem. Deixo o resto para os psicanalistas.

ANNE: Meu marido faz uma analogia entre um prédio de aparência fabulosa em Paris — sabemos que é velho, podemos ver que vem sendo retocado e consertado há séculos, e é precisamente essa pátina que torna os prédios europeus tão mais lindos que os norte-americanos —, e ele relaciona isso à beleza encontrada nas mulheres mais velhas. É isso uma sensibilidade francesa?

MIREILLE: Não é uma pátina exterior o atraente, mas um tipo de pátina interior. Como escrevi em *French women for all seasons*, uma mulher francesa é mais definida por sua facilidade em ser ela mesma e na atração que resulta de apreciar seus prazeres. As mulheres francesas alcançam esse estado mais intuitivamente que a maioria, mas nem todo mundo é bem-sucedido. O segredo da mulher que continua *bien dans sa peau* é que ela aceitou e curtiu cada fase de sua vida e aceitou ajustar-se às diferentes estações da vida. A idade não importa para essas mulheres que adquirem autoconfiança e um ar de serenidade, que se ajustam bem ao tempo e à idade, que encarnam esse *je ne sais quoi* da mítica mulher francesa. Essas camadas internas estão imbuídas em sua pele e em tudo mais, e são elas que fazem essa atração.

ANNE: Se você fosse somar isso tudo em um pensamento a respeito da diferença entre as mulheres francesas e as norte-americanas, e como elas resolvem envelhecer, qual seria ele?

MIREILLE: As norte-americanas são muitas vezes obcecadas com a juventude e em parecer jovem para sempre (algumas vezes cometendo erros graves em não se vestir de acordo com a idade que têm), e as francesas ficam mais confortáveis em aceitar cada fase da vida e se ajustar a cada estação dela. A confiança e a individualidade são grandes integrantes do "estilo" de uma mulher.

A visão de Mireille Guiliano sobre as mulheres francesas e européias confirmou algumas de minhas suposições a respeito de como nós e elas diferimos em nossas abordagens da beleza e do envelhecimento — e concordam com os dados que a Dove, a divisão de cuidados com pele e cabelo da empresa global Unilever de produtos de consumo, descobriu em seu Estudo Global de 2004 sobre Mulheres, Beleza e Bem-Estar.

O estudo, empreendido por uma equipe liderada por pesquisadores de Harvard e da London School of Economics, descobriu que, quando se pede às mulheres que se autodescrevam, 43% das francesas e 37% das italianas disseram que eram "naturais", contra apenas 21% das norte-americanas. Quando perguntaram se a sociedade exerce pressão para as mulheres acentuarem seu poder de atração física, as respostas mais uma vez estavam alinhadas: 75% das norte-americanas, 57% das italianas e 62% das francesas disseram que sim. Perguntadas sobre que produtos usavam para se sentir fisicamente mais atraentes, 84% das mulheres norte-americanas responderam que usavam produtos para o cabelo, contra 66% das francesas.

De acordo com outro levantamento recente feito entre as mulheres francesas, e ao contrário da percepção de Mireille Guiliano, a maioria das francesas residentes na França ainda *não* tingem o cabelo. Claire, minha amiga francesa educada nos Estados Unidos, bem de vida, com 55 anos de idade, que agora mora em Londres, tornou-se recentemente adepta do cabelo grisalho natural depois de anos de tingimento. Ela declarou isso e calcula que não mais de um terço das francesas que ela conhece tinge o cabelo. "Acredito que essa fantasia a respeito dos homens franceses acharem mulheres de todas as idades sensuais é verdadeira. Tem tudo a ver com o estilo e a elegância, e talvez uma postura galanteadora."

E realmente parece que, fora cabelo grisalho ou tingido, a cultura européia aceita muito mais mulheres mais velhas sensuais que a nossa. Parece marcante o fato de que o *Alguém tem de ceder*, de Diane Keaton, tenha arrecadado 20 milhões de dólares a mais no estrangeiro que nos Estados Unidos. Perguntei ao Jason, um inglês de trinta anos de idade que conheço, se ele pensava que os homens europeus mais jovens achavam as mulheres de cabelo grisalho atraentes. "Depende. Anne Bancroft, em *A primeira noite de um homem*, era atraente, e uma senhora com quem trabalho tem algum cabelo grisalho, e também é atraente. Acho que os homens ingleses são mais 'ousados'." Jason passou a contar com entusiasmo uma história que parecia a cena de um filme de Hugh Grant. "Eu tive alguns amigos que costumavam ir a um clube em Essex chamado Dukes e ver quem era a mulher mais velha que conseguiriam levar para casa. Infelizmente, a coisa deu errado quando um deles passou pela casa de seu amigo na manhã seguinte e encontrou sua paquera da noite anterior atendendo a campainha. Era a mãe do seu amigo." *Complicado.*

Nick, pai do Jason e ex-colega meu na televisão, mora em Londres com sua namorada e foi um pouco mais cuidadoso que seu filho a respeito das diferenças entre atitudes norte-americanas e européias em relação ao envelhecimento. Do mesmo modo que meu marido, ele acha que o tecido de textura densa, fora de moda, das cidades européias e as próprias cidades — as arquiteturas diferentes de séculos diferentes — promovem um leque mais rico de beleza aceitável do que o existente nos Estados Unidos. Em outras palavras, diz ele, uma exaltação do antigo grandioso, sensual, está incorporada a todos os modos de vida na Europa.

Ele também acha que isso não significa que o homem europeu ache uma variedade mais ampla de mulheres sensuais, mas que as "mulheres *se acham* sensuais e se comportam e se projetam desse modo". Sua experiência pessoal — tanto sua ex-mulher como a atual namorada "gastaram algumas Ferraris no cabelo ao longo dos anos" — leva-o a acreditar que as mulheres européias tingem o cabelo tanto quanto as norte-americanas. Embora, segundo ele, na Europa, "meias marrons, sapatos gastos e maquiagem berrante apresentam probabilidade muito maior de derrubar uma pessoa que o cabelo grisalho".

No dia seguinte ao que falei com o Nick, por acaso vi uma matéria na revista do *New York Times* sobre as cinco grandes mulheres mestras vivas no design italiano. Havia uma página inteira de retratos em *close* de cada arquiteta e designer, e a idade delas variava de 66 a 82 anos. Todas elas tinham cabelo grisalho ou branco. Nenhuma era remotamente do tipo da *Aunt Bea*, Barbara Bush ou rainha Elizabeth. Cada uma delas parecia iconoclástica, poderosa e até sexy. As fotografias me deram arrepios.

Será que grisalho é o novo preto?

Não quero parecer maluca, mas estou começando a pensar que talvez o resto do mundo esteja mudando, ligeiramente, junto comigo. Talvez estejamos apenas começando a ver, de um modo sério, como adulto, do século XXI, parte de um segundo amanhecer de um tipo diferente da Era de Aquário. Há pequenos sinais. Há vislumbres.

No ano passado, em *O diabo veste Prada*, Meryl Streep representou uma editora de revista grisalha absolutamente anti-avó, a personificação do charme elegante. Quase todas as resenhas fizeram questão de mencionar a cor do cabelo dela, e, na narrativa do filme, sua autoconfiança pública de fêmea-alfa é reforçada pela recusa tática de se submeter à camuflagem do tipo "fundir-se com o grupo" do cabelo de cor artificial. De acordo com o *Entertainment Weekly*, Streep escolheu pessoalmente a impressionante aparência de "Cruela Cruel", dizendo: "Em um ramo de negócios em que tudo é artificial, gosto do orgulho de ter cabelo branco naturalmente lindo e não o tingir".

Mais ou menos ao mesmo tempo, a jornalista Beth Frerking, que tem 49 anos, escreveu em *Slate* a respeito de seu cabelo prateado: "Comecei a ficar grisalha antes dos quarenta anos, e, desde então, pessoas estranhas, na maior parte mulheres, me param na rua — em lojas de departamentos, em restaurantes, até mesmo na igreja — para comentar meu cabelo. Em uma semana, há pouco tempo, registrei quatro comentários sobre cabelo: 'Mesmo que você não faça mais nada hoje, você já nos inspirou' disse uma atraente mulher de meia-idade cujo cabelo castanho escuro estava tingido de um vermelho vivo, acobreado."

Nos últimos tempos, nas revistas, há com grande freqüência publicidades que apresentam modelos de cabelos grisalhos. No ano passado, a *Good Housekeeping* publicou um artigo chamado "Amazing grays", um perfil de cinco mulheres com cabelo grisalho, acompanhado de instruções para ajudar as leitoras a decidir se ficam grisalhas ou não — quase exatamente o que a mesma revista fizera quanto à cor artificial de cabelo meio século antes. E Eve Claxton, uma escritora com seus quarenta anos, publicou uma longa matéria na *Vogue* a respeito do prazer que tem de ser grisalha. Além de contar sua experiência reveladora, Eve Claxton citou um cabeleireiro de Manhattan, nascido na França, Alain Pinon: "O cabelo branco faz uma afirmação. Ele se destaca; é mordaz. As pessoas na verdade perguntam, 'quem faz sua cor?'". Pinon considera "mostrar seus cabelos grisalhos como uma escolha é uma das poucas coisas realmente empolgantes que uma mulher pode fazer com o cabelo, um meio de quebrar tabus".

Empolgante. Quebrar tabus. Um pouco de hipérbole de cabeleireiro da Quinta Avenida, talvez... Mas ele não está errado. Minha amiga na faculdade, Mary, nunca pintou o cabelo e diz que pessoas que ela não conhece muitas vezes perguntam se podem tocar seu cabelo sal-e-pimenta. Ela diz: "É estranho e muito parecido com a época em que eu estava grávida e as pessoas queriam tocar minha barriga".

Há outros sinais de que pode estar se desenvolvendo uma tendência no sentido de ampliar a gama de beleza culturalmente aceitável. O estudo da Dove, em 2004, descobriu que as mulheres "sentiram-se pressionadas a tentar ser aquela imagem 'perfeita' da beleza: 63% concordam que se espera que as mulheres de hoje sejam mais atraente que a geração de suas mães. Mais de dois terços (68%) das mulheres concordam que 'a mídia e a publicidade estabelecem um padrão pouco realista de beleza, que a maior parte das mulheres jamais conseguirá alcançar.' ... 75% ... gostariam que a mídia fizesse um trabalho melhor de retratar as mulheres com diversas atratividades físicas, inclusive idade, corpo e tamanho".

Então, em 2005, a companhia começou a apontar diretamente para aquela desconexão beleza-indústria e insatisfação em fervura lenta, alegremente rejeitando a Grande Mentira e adotando a sinceridade como modo de distinguir sua marca. A campanha Beleza Real, em andamento, apresenta imagens de não-modelos de todas as idades (realmente, até de 96 anos), mulheres sardentas, grisalhas e de pesos diferentes. Mike Hemingway, o executivo de criação da Olgivy & Mather, que supervisiona o desenvolvimento da campanha, me disse que "o que a Dove tenta fazer é ser *inspiradora*, e não aspiradora".

No ano passado, a Dove mais uma vez foi notícia ao apresentar uma publicidade de um minuto na televisão chamado "Evolution," ilustrando em detalhes minuciosos a extensão de esforços para se tornar um modelo bonito para uma fotografia — vimos tudo, desde o aumento do comprimento do pescoço da modelo ao realce digital dos olhos dela. Isso significa uma transparência extraordinária para uma importante campanha de marketing de produtos de beleza. E se tornou um gigantesco fenômeno de vídeo na web: na última vez que olhei, seis milhões de pessoas já tinham visto o filme no YouTube.

E em sua mais recente campanha de autenticidade, promovendo uma nova linha de produtos chamada "Pro-Age", para mulheres com mais de quarenta anos, a Dove encarregou Annie Leibovitz de fotografar mulheres, com idades de 57 a 74, nuas. É revigorante ver as mulheres, com rugas e tudo. Quatro das sete mulheres que vi nas propagandas têm cabelo grisalho. O site Pro-Age afirma sua missão do seguinte modo: "Dove quer instilar uma nova posição na categoria de anti-envelhecimento — de negativo e incentivado pelo medo para afirmativo e incentivado pela esperança. Ao fazer isso, esperamos encorajar e inspirar novas mulheres a ver o potencial que existe em suas peles e em seus cabelos. E nelas mesmas". Claro, o objetivo é vender montes de produtos, por mim, tudo bem — todas nós precisamos lavar nossos rostos e cabelos, e é muitíssimo refrescante ver pessoas que parecem comigo vendendo esses produtos.

A Nike, uma marca conhecida por tentar incorporar o que há de mais moderno, lançou uma campanha de publicidade em 2005 exaltando partes do corpo que dão maior angústia às mulheres, com frases do tipo "minha bunda é grande", "tenho coxas pavorosas," e "meus ombros não são delicados ou proporcionais aos meus quadris. Algumas pessoas dizem que parecem ombros de homem. Eu digo, deixe os homens fora disso".

Betty feia, o novo grande sucesso da ABC, apresenta America Ferrera (*Real women have curves* – *Mulheres de verdade tem curvas*) como Betty Suarez, uma moça desmazelada que trabalha numa revista de moda. Betty é a heroína. E o mundo reconheceu o desempenho de Ferrera — no início deste ano ela ganhou o Golden Globe para Melhor Atriz Cômica na Televisão, e o seriado ganhou o prêmio de Melhor Comédia.

Por falar em prêmios, o furor de histórias na mídia relativas à beleza de Helen Mirren foi insaciável durante semanas. Talvez o mundo esteja realmente acordando e percebendo que experiência e autenticidade podem ser atraentes. E que cabelo branco ou grisalho não é *ausência* de cor, mas, ao contrário, é sua própria cor rica e vibrante.

Depois que minha matéria foi publicada na *More*, em 2005, fiquei assombrada com a reação. Várias dezenas de mulheres gastaram tempo para escrever, e até criaram um grupo de apoio para ficar grisalha no quadro de mensagens da More.com. Ao ler as cartas e avisos, percebi que eu tinha, como esperara desde o início, me juntado a uma comunidade de mulheres que parecia satisfeita com as escolhas que fez, de se assumir naturalmente grisalha.

Acredito, com os dedos cruzados, que todas essas expressões da mídia são sinais do começo de uma ânsia verdadeira, cada vez mais intensa, de autenticidade. Acho que as mudanças estão em andamento.

LARGANDO-SE DE VERDADE

QUERO DEIXAR CLARO: *NÃO* SOU uma fanática recém-convertida fazendo proselitismo a respeito de uma volta à natureza, de pureza e austeridade. Permaneço pelo menos tão vaidosa quanto qualquer outra pessoa. Tenho a intenção de continuar a gastar altas somas para cortar e pentear meu cabelo. Quero parecer tão atraente quanto agora, no meu aniversário de sessenta anos? Pode apostar que sim. Isso é complicado, e eu não alego que haja respostas de tamanho único ou testes científicos decisivos a respeito de viver de modo autêntico. Nem acho que as escolhas sejam tudo ou nada. As coisas mudam. O modo como escolhemos envelhecer é profundamente peculiar, uma questão de gosto individual e de circunstâncias — dependendo da idade da pessoa, do *status* romântico, da situação profissional, classe, raça, etnia, geografia, tudo isso.

Na véspera do Ano-Novo de 2005, no meio do meu processo de transformação de falsa castanha para grisalha, malhando em uma máquina de exercício elíptico em uma academia em Naples, Flórida, tive outra "revelação mística" — que meu processo de deixar o cabelo ficar grisalho, que durava um ano, podia ser uma metáfora orientadora de como eu queria começar a viver minha vida em geral.

Sou totalmente maluca por controle, beirando o TOC (Transtorno Obsessivo-Compulsivo) — desde a malhação até camas arrumadas com perfeccionismo e o modo como eu encho a máquina de lavar pratos. Obrigo meus familiares a comer três refeições com horário determinado, formadas de pratos atraentes, com três grupos de alimentos todos os dias, e nunca deixo meu marido dirigir o carro quando estou junto com ele. E daí por diante. Não há dúvidas de que isso resulta do fato de ter tido uma mãe perfeccionista (não a temos, todos?), a quem eu achava que jamais poderia satisfazer. Uma década de terapia me fez compreender isso — mas não me deu força para diminuir minha mania de controlar tudo. Desse modo, vim tropeçando com o princípio orientador de que, se eu pudesse controlar tudo o que fosse controlável, então eu jamais teria de me preocupar em desapontar minha mãe (que ela descanse em paz) ou qualquer outra pessoa. E cabelo perfeitamente tingido era uma forma fácil de controlar.

Embora isso pareça bem idiota e superficial, percebi, naquele movimento, que, se eu pudesse permitir que meu cabelo ficasse com seu grisalho natural, talvez eu pudesse aprender a ser um pouco mais complacente e despreocupada com relação ao resto da minha vida também. Eu podia parar de me agarrar às coisas simplesmente porque eram hábitos adquiridos há muito tempo. Não fazer a cama de vez em quando provavelmente não faria com que a casa inteira descambasse para o caos. Encomendar refeições fora aqui e ali não significaria que as crianças iriam abandonar a escola, se tornar ociosas e fossem encher a cara de cerveja. E se conseguisse fazer um corte em meu cabelo longo, recém-grisalho, com um comprimento mais cômodo, mais leve e gracioso, isso também seria bom.

Veio-me tudo de uma vez só: mais à vontade, mais honesto e "menos é mais" em todos os aspectos da minha vida. Meu cabelo estava na liderança porque era tão óbvio, um símbolo permanente da escolha de ser direta, clara e sincera.

Logo que comecei a deixar meu cabelo crescer em sua cor natural aos 49 anos, fiquei preocupada, ao ver pessoas com quem não encontrava há muito tempo, que elas pensassem que eu tinha "me largado". Era uma ansiedade reflexiva, que não tinha nada a ver com o que era importante para mim, e tudo a ver com as normas culturais pré-embaladas a respeito de como eu deveria pensar sobre envelhecimento. Presume-se, entre a maioria dos meus pares, que uma mulher que está entrando na sexta década de vida deveria tentar disfarçar os menores sinais de envelhecimento usando praticamente qualquer ferramenta à sua disposição. Se ficar grisalho fosse um sinal de "largar-se", então o contrário deveria ser verdadeiro — escolher gastar algumas horas por semana nessa tarefa particular é um sinal de autoestima, disciplina e envolvimento social. Das pessoas que participaram do meu estudo nacional, 6% das mulheres e duas vezes esse número de homens realmente achavam — e eram não politicamente corretos o suficiente para dizer — que as mulheres que ficam grisalhas estão "se largando".

Passei a compreender que abrir mão das incansáveis viagens de duzentos dólares ao colorista se relacionava, de fato, a largar-me — não no sentido-padrão pejorativo, mas em termos de deixar cair a bagagem de ansiedades "jovem para sempre", largando um uniforme que eu não estava mais a fim de usar.

Uma vez tomada a decisão de fazer as coisas de modo diferente e depois que comecei a observar de perto as mulheres (e homens) que eu considerava mais impressionantes e encantadores, percebi que eles eram aqueles que pareciam mais à vontade consigo mesmos e que pareciam esforçar-se menos. Grande postura, entusiasmo por diversos tipos diferentes de pessoas, lugares e atividades, um instinto de sinceridade e um brilho no olhar são muito mais atraentes para mim que a aparência mais perfeita, altamente polida, engomada, aparada, encolhida e laqueada. Sei que Carmen Dell'Orefice, Frances McDormand, Susanna Moore, Emmylou Harris, Anna Quindlen e Mireille Guiliano são todas vítimas das mesmas preocupações vaidosas (rosto, peito, bunda, rugas, gordura, cabelo) que temos, mas elas são também mulheres que ardem de paixão e auto-estima, um tipo de entusiasmo visceral, e não parecem *importunadas* por ansiedade sobre o que as pessoas pensam a respeito da aparência delas.

Passei a compreender que eu realmente não quero parecer uma versão-padrão aprovada pela maioria que tem cinqüenta, 55, sessenta ou 65 anos — nosso modelo Número Doze de *Além da imaginação* na vida real. As formas como meu cabelo muda de cor e meu rosto enruga são só minhas. Por que quereria eu permutar isso para parecer alguma versão genérica de mulher? Não se pode apagar o que aconteceu conosco no passado, ou evitar o que está de fato acontecendo agora — então, por que não encarar a realidade e aceitá-la?

Também descobri, através de outras leituras, que essa disposição para permitir que o mundo me veja como sou é na verdade *saudável*. O estudo exaustivo de Betty Friedan em 1993 sobre o envelhecimento, *The fountain of age* (A fonte da idade), foi inspirador. Ela escreveu que "uma identificação acurada, realista, ativa, com o próprio envelhecimento — como oposto à resignação ao estereótipo de ser 'velho' e à negação das mudanças de idade — parece uma chave importante para o envelhecimento vital, e até mesmo a longevidade." A literatura erudita, descobriu ela, mostrava que

> Uma aceitação ativa, realista das mudanças relacionadas com a idade — ao contrário da negação ou da resignação passiva — era desse modo a chave para um envolvimento vital continuado na

vida, uma face da idade muito diferente da desmotivação e do declínio. [...] A conformidade negligente aos padrões da juventude pode proibir outros desenvolvimentos, e a negação pode se transformar em conformidade negligente com o modelo vítima-do-declínio pela idade avançada. É preciso uma quebra consciente das definições jovens para que um homem — ou mulher — se libere para o desenvolvimento continuado na velhice.

Friedan discutiu também o trabalho de Margaret Clark, do Instituto Langley Porter de Neuropsiquiatria, em São Francisco, que descobriu que "aqueles que se agarravam com maior tenacidade a determinados valores de sua juventude eram os candidatos mais prováveis a um colapso psiquiátrico na idade avançada. A auto-estima do grupo mais velho saudável parecia ligada aos 'resultados conseguidos com uma busca por significado na vida durante os últimos anos', se comparados aos doentes mentais, que ainda estavam perseguindo os valores da juventude. O grupo saudável tinha 'uma perspectiva mais ampla, que eles chamam por nomes diferentes: sabedoria, maturidade, paz ou abrandamento'".

A visão de Andrew Weil em seu livro recente, *Healthy aging* (Envelhecer com saúde), é semelhante: "Se o envelhecimento está escrito nas leis do universo, então sua aceitação deve ser um pré-requisito para envelhecer com graça. No entanto, a não aceitação do envelhecimento parece ser a regra na nossa sociedade, não a exceção. Um grande número de pessoas tenta negar sua realidade e seu progresso. Dois dos modos mais evidentes de fazer isso são o uso de produtos cosméticos e cirurgia cosmética". Sua conclusão suprema é que negar o envelhecimento é negar a nós mesmo o acesso a uma experiência mais profundamente enriquecedora. "Porque o envelhecimento nos lembra de nossa mortalidade, pode ser um estímulo primário para o despertar e o crescimento espiritual."

Acertou! Minha experiência como um todo não foi só em relação a deixar meu cabelo ficar da cor natural. Foi também em relação a *crescer* e — perdoem-me o clichê — continuar a me desenvolver como pessoa. Ao insistir em ter o cabelo semelhante ao que eu tinha aos 35 anos, acho que eu estava realmente perdendo uma das ferramentas mais importantes para o envelhecimento ótimo — ou seja, encará-lo de frente, aceitando-o de forma crescente. Acho que a cada ano, à medida que meu cabelo fica mais branco, eu estarei um pouco mais pronta para celebrar as boas coisas a respeito do meu "aqui e agora". Tenho todas as intenções de evitar o estereótipo da velhinha frágil, assustada — de permanecer tão em forma e curiosa quanto possível —, mas já não tenho mais medo de mostrar minha idade verdadeira. É simples. Tenho orgulho do que fiz, dos anos que vivi, de até onde cheguei. Estou mais feliz ao atravessar cada dia — na calçada, nas lojas e restaurantes, em reuniões — sendo tão honesta quanto posso a respeito de quem realmente sou.

Ela está se largando. De todo modo, estou tentando. Abandonando falsas batalhas e expectativas de mercado de massa. Para mim, abandonar significa encontrar-me a mim mesma — atenta à autoajuda. É abandonar a necessidade de achar que é importante se parecer tanto quanto possível com o resto das pessoas. É abandonar a imagem não sustentável e supremamente contraproducente de como uma pessoa com cinqüenta anos deveria parecer. É abandonar muletas de que não preciso — abrir mão de cor artificial no cabelo, como abrir mão de cigarro e bebida, tem a ver com assumir o controle real, pessoal, e ter responsabilidade sobre minha vida, recusando-me a viver de acordo com um roteiro ditado por minhas neuroses e a necessidade dos comerciantes de venderem coisas. Largar-me faz eu me sentir bem.

No esquema mais amplo das coisas, qual é a importância da decisão de tingir ou não o cabelo? No nosso mundo conflituado, dilacerado por guerras, com mania de terroristas, assolado por doenças, desigual, de mudanças climáticas catastróficas, é difícil imaginar tema mais superficial, literal e figurativamente, que cor de cabelo. Mas somos gente, todos nós, e não santos. Preocupamo-nos e, com nossos diversos meios minúsculos, tentamos contribuir com soluções ou remédios para os problemas grandes, profundos — mas *também* nos preocupamos com nossa aparência.

Mesmo que meu voto em um candidato político não vá jamais decidir uma eleição, e que a compra de um carro mais econômico ou o uso de lâmpadas fluorescentes compactas não irá cessar o aquecimento global, ainda assim eu voto, ainda me sinto melhor comprando um carro que ande dezesseis quilômetros por litro, e ainda assim descanso mais facilmente sabendo que a iluminação na minha casa não irá bombear literalmente toneladas de gases que provocam o efeito estufa na atmosfera. O caráter de uma pessoa é o resultado de centenas de escolhas diárias comuns, mundanas. E o progresso social e cultural é o resultado cumulativo de bilhões de escolhas minúsculas. Se cada um de nós tentar dizer a pura verdade de pequenos modos, então talvez nós, como sociedade e cultura, possamos achar mais fácil começar a reconhecer e recompensar a verdade de modo mais significativo. E cabelo, por mais ridícula que possa ser nossa obsessão com ele, é um sinal básico muito real, visível, daquilo que cada um de nós está tentando ser — um tipo de bandeira pessoal. Tingir ou não tingir, eis *uma* questão.

Agradecimentos

Durante toda a minha vida adulta convivi com um escritor extraordinário, meu marido Kurt Andersen. E metade das pessoas que conhecemos é formada por escritores ou editores maravilhosos. Então, quando, há alguns anos, comecei a ganhar a vida escrevendo, fiquei muito ansiosa. Kurt foi generoso e sempre me apoiou. Danica Kombol e Akiko Busch foram sempre minhas conselheiras e editoras. Joanna Coles e Peggy Northrop imediatamente compreenderam o valor de eu ficar grisalha e me encorajaram a escrever a esse respeito para a revista *More*. E minha agente, Suzanne Gluck, teve a audácia de achar que eu poderia escrever um livro, e depois o vendeu. Sem essas pessoas todas eu não teria tido coragem de fazer isso.

Em Little Brown, Judy Clain tem sido um encanto absoluto, e Michael Pietsch tem sido extraordinário — os dois verdadeiros parceiros no projeto.

Maira Kalman, é claro, pegou o espírito da coisa e começou o trajeto todo. Minhas filhas, Kate e Lucy, têm sido uns amores, escutando-me e me apoiando o tempo todo. Barbara Kass ganha um prêmio especial como amiga que mais topa tudo. Diana Rhoten emprestou-me rigor intelectual para criar o levantamento, e Rachel Tronstein propiciou a destreza analítica para interpretar os dados. Eu dependi da ajuda generosa de Kay Allaire, Kristi Andersen, Isabelle Anderson, Alice Arlen, Joseph Artale, Andrea Barnett, Mark Beckelman, Elizabeth Beier, Maria Campbell, Ann Carlsen, Mary Chatham, Sophie Cottrell, Carol Davidson, Carmen Dell'Orefice, Nora Ephron, Chris Fanning, Deborah Feingold, Bruce Feirstein, Carin Goldberg, David Good, Mark Grenside, Mireille Guiliano, Cathy Hamilton, Hazel Hammond, Tom Harbeck, Emmylou Harris, John Heilemann, Mike Hemingway, Carla Hendra, Allison Henry, Jade Hobson, Deborah Krulewitch, Ann La Farge, Silvia Lagnado, Karen Landry, Gerry Laybourne, Julianna Lee, Jeffrey Leeds, Susan Lehman, Lynn Lehmkuhl, Ellen Levine, Wendy Lewis, Guy Martin, Pat Mastandrea, Frances McDormand, Sandi Mendelson, Isaac Mizrahi, Seth Mnookin, Susanna Moore, Susan Morrison, Emily Oberman, Lawrence O'Donnell, Elise O'Shaughnessy, George e Sertac Ozrulay, Priscilla Painton, Mary Kay Place, Inge Pumberger, Anna Quindlin, governadora Ann Richards, Heather Rizzo, Linda Schupak, Fred Seibert, Bonnie Siegler, Kiki Smith, Sally Smith, Steve Smith, Lauren Solomon, Emily Thompson, Emily Thorson, Andrea Vazzano, Ellen White, Lauren Zalaznick; minha irmã, Jane Meyer; e o clã Andersen inteiro. Sou profundamente grata a todos.

Nota sobre a autora

ANNE KREAMER é ex-vice-presidente executiva e ex-diretora mundial de criação da Nickelodeon/Nick at Nite, e parte da equipe fundadora da revista *Spy*. Antes ela criara e escrevera a coluna mensal "American Treasures", para a *Martha Stewart Living*, e uma coluna de cultura mensal para a *Fast Company*. Kreamer formou-se no Harvard College e mora no Brooklyn, com seu marido, o escritor Kurt Anderson, e as duas filhas.

Este livro, composto na fonte Fairfield
e paginado por Rivane Artes Gráficas, foi impresso
em pólen soft 80g na Prol Gráfica e Editora.
.São Paulo, Brasil, no inverno de 2007.